改訂版

# フランス語でつづる
# 私の毎日

*J'ai écrit mon journal en français.*

杉山利恵子 著

三修社

本書は『フランス語でつづる私の毎日』（三修社）に，時代に合わせた話題や
単語を盛り込んで，加筆修正したものです。

# はじめに

毎日のいろいろなことをフランス語で書けたら…。そんなあなたのために この本はできました。せっかくフランス語を学んでも，日本にいると，実際に使う機会がなかなかありません。でも，書くことだったら，毎日，一人でもできます。それに，日々のできごとや自分の気持ちをつづるのに，そんなに難しいフランス語は必要ないのです。この本の例文をそのまま使ったりアレンジしたりして，自分のこと，好きなこと，感じたことを書いてみましょう。今日あった出来事を手帳にちょっとメモすることから始めてもいいですね。自分のためにつづるフランス語は，気楽でとっても楽しいです！

最初に，書くために必要な文法のエッセンスがまとめてあります。第1章からは，大きなテーマ別になっており，左ページには例文が，右ページには語彙・文法・文化の解説が書かれています。最後の章には，文学作品からの短い抜粋を集めてみました。いろいろな折に，そのときの自分の心に響く一節に出会えたなら，とても嬉しく思います。

改訂に当たり，時代に合わせた話題や単語を盛り込み，加筆修正しました。

---

お使いいただくにあたって

- 「会社などで働いている女性」を書き手のメインモデルに，「女子学生」をサブモデルにしているので，形容詞や一致の必要な過去分詞などは，女性形になっています。男性の場合は，アスタリスクマーク（*）の単語を文末のものに入れ替えてください。

- 例文の色つきの部分は，下や語彙のページに書かれた他の語と入れ替え可能な部分です（自分のことについては，ご自分のデータを入れる部分）。

- 語彙のページでは，発音をカタカナで表記してあります。フランス語のrの音はひらがなで表記し，lの音と区別してあります。

---

# contents もくじ

# 序章

## 10分間
## おさらい文法

## 冠詞

3種類あり，次にくる名詞の性・数にあわせた形を使います。

|  | 男性単数 | 女性単数 | 男女複数 |
|---|---|---|---|
| 不定冠詞 | un | une | des |
| 定冠詞 | le (l') | la (l') | les |
| 部分冠詞 | du (de l') | de la (de l') | — |

＊（　）の形は，母音・無音のhで始まる語の前で使います。

**不定冠詞**　初めて話題にするものにつけます。

**定冠詞**　すでに話題になっているもの，何を指すのかわかるもの，総
　　　　　称として示すものにつけます。

**部分冠詞**　一つ二つのように数えられないものにつけ，いくらかの量
　　　　　を示します。複数形はありません。

## à / de と定冠詞の縮約形

前置詞 à と de のあとに定冠詞の le, les がくるときは，縮約形になりま
す。定冠詞が la, l' のときは，そのままで，縮約形はありません。

| à + le | → | **au** | habiter **au** Japon | 日本に住む |
|---|---|---|---|---|
| à + les | → | **aux** | aller **aux** États-Unis | アメリカに行く |
| de + le | → | **du** | l'heure **du** déjeuner | お昼ごはんの時間 |
| de + les | → | **des** | la saison **des** pluies | 梅雨（←雨の季節） |

## 形容詞

修飾する名詞と性・数を一致させます。**e** で終わっている形容詞は，男女同形です。

| 男性単数 | 女性単数 | 男性複数 | 女性複数 |
|---|---|---|---|
| petit | petit**e** | petit**s** | petit**es** |
| libre | libre | libre**s** | libre**s** |

＊このほか不規則な女性形を持つものもあります。

名詞につけるときは，ふつう〈**名詞 + 形容詞**〉の順です：

**un film français**　フランス映画

ただし，**petit, grand, bon, mauvais, beau, vieux** などは，〈**形容詞 + 名詞**〉の順になります：

**une petite maison**　小さい家

## 所有形容詞

次にくる名詞の性・数にあわせた形を使います。

| | 男性単数 | 女性単数 | 男女複数 |
|---|---|---|---|
| 私の | **mon** | **ma (mon)** | **mes** |
| きみの | **ton** | **ta (ton)** | **tes** |
| 彼（女）の | **son** | **sa (son)** | **ses** |
| 私たちの | **notre** | | **nos** |
| あなた（たち）の | **votre** | | **vos** |
| 彼（女）らの | **leur** | | **leurs** |

＊（ ）の形は，母音・無音の **h** で始まる語の前で使います。

# 指示形容詞（「この・その」）

次にくる名詞の性・数にあわせた形を使います。

|  | 単数 | 複数 |
|---|---|---|
| 男性 | ce (cet) | ces |
| 女性 | cette | |

＊（ ）の形は，母音・無音の **h** で始まる語の前で使います。

# 人称代名詞

|  | 「〜は」<br>（主語） | 「〜を」<br>（直接目的語） | 「〜に」<br>（間接目的語） | （強勢形） |
|---|---|---|---|---|
| 私 | je | me | me | moi |
| きみ | tu | te | te | toi |
| 彼 | il | le | lui | lui |
| 彼女 | elle | la | lui | elle |
| 私たち | nous | nous | nous | nous |
| あなた（たち） | vous | vous | vous | vous |
| 彼ら | ils | les | leur | eux |
| 彼女ら | elles | les | leur | elles |

＊強勢形は，前置詞や c'est のあとで使われる形です。

＊ il(s), elle(s), le, la, les は「それは」「それを」のように「もの」にも使います。

# 否定文

動詞を **ne(n')... pas** ではさみます。複合過去形のように助動詞を使った活用形のときは，助動詞を **ne(n')... pas** ではさみます。直接目的語についている不定冠詞・部分冠詞は，否定文では **de (d')** になります。

    **J'ai des réunions aujourd'hui.**　私は今日会議があります。

  →**Je n'ai pas de réunions aujourd'hui.**　私は今日会議はありません。

## 主な時制

**現在形** 　現在の出来事・状態・習慣を述べるときに使います。「〜している」という現在進行中のことも現在形で表します。

**複合過去形** 　過去の出来事・経験や，すでに完了していることを述べるときに使います。

**半過去形** 　過去のある時点における状態や，ある出来事が起きたときの背景を述べるときに使います。過去の習慣も半過去形で表します。

## 語順

### 現在形・半過去形（助動詞なしの時制）

〈主語 + (ne) + 動詞 + (pas) + 目的語〉

　**Je ne regarde pas la télévision.** 　私はテレビを見ません。

〈主語 + (ne) + 目的語代名詞 + 動詞 + (pas)〉

　**Il ne me regarde pas.** 　彼は私を見ません。

### 複合過去形（助動詞ありの時制）

〈主語 + (ne) + 助動詞 + (pas) + 過去分詞 + 目的語〉

　**Je n'ai pas regardé la télévision.** 　私はテレビを見ませんでした。

〈主語 + (ne) + 目的語代名詞 + 助動詞 + (pas) + 過去分詞〉

　**Il ne m'a pas regardé.**

　彼は私を見ませんでした。（「私」が女性なら regardé**e**）

＊直接目的語の代名詞が動詞の前に置かれると，過去分詞はその直接目的語と性・数の一致をします。

11

## 現在形の活用

| parler 話す<br>(-er 動詞) | avoir 持つ | être ～である | se coucher 寝る<br>（代動名詞） |
|---|---|---|---|
| je　　parle | j'ai | je　　suis | je　　me　couche |
| tu　　parles | tu　　as | tu　　es | tu　　te　couches |
| il/elle　parle | il/elle　a | il/elle　est | il/elle　se　couche |
| nous　parlons | nous　avons | nous　sommes | nous　　nous couchons |
| vous　parlez | vous　avez | vous　êtes | vous　　vous couchez |
| ils/elles parlent | ils/elles ont | ils/elles sont | ils/elles se　　couchent |

## 複合過去形の活用

**形** 〈助動詞（avoir または être）の現在形 ＋ 過去分詞〉

| parler 話す | aller 行く | se coucher 寝る |
|---|---|---|
| j'ai　parlé | je　suis　allé(e) | je　me　suis　couché(e) |
| tu　as　parlé | tu　es　allé(e) | tu　t'es　couché(e) |
| il　a　parlé | il　est　allé | il　s'est　couché |
| elle　a　parlé | elle　est　allée | elle s'est　couchée |
| nous　avons parlé | nous　sommes allé(e)s | nous nous sommes couché(e)s |
| vous　avez　parlé | vous　êtes　allé(e)(s) | vous vous êtes　couché(e)(s) |
| ils　ont　parlé | ils　sont　allés | ils　se　sont　couchés |
| elles　ont　parlé | elles　sont　allées | elles se　sont　couchées |

**助動詞**　一般に avoir，一部の自動詞と代名動詞は être をとります。

être をとる自動詞：aller, venir, partir, arriver, sortir, entrer など。

**過去分詞**　-er → **-é**,　-ir → **-i** など。

## 半過去形の活用

語幹は nous の現在形から -ons を取ったもの（être のみ ét-）。

nous parl**ons** → je parl**ais** tu parl**ais** il parl**ait**

　　　　　　nous parl**ions** vous parl**iez** ils parl**aient**

# 動詞の活用形

| 不定詞 | 現在形 | 複合過去形 | 半過去形 |
|---|---|---|---|
| aller 行く | je vais | je suis allé(e) | j'allais |
| attendre 待つ | j'attends | j'ai attendu | j'attendais |
| avoir 持つ | j'ai | j'ai eu | j'avais |
| boire 飲む | je bois | j'ai bu | je buvais |
| comprendre わかる | je comprends | j'ai compris | je comprenais |
| conduire 運転する | je conduis | j'ai conduit | je conduisais |
| connaître 知っている | je connais | j'ai connu | je connaissais |
| croire 思う | je crois | j'ai cru | je croyais |
| devoir ねばならない | je dois | j'ai dû | je devais |
| dire 言う | je dis | j'ai dit | je disais |
| dormir 眠る | je dors | j'ai dormi | je dormais |
| écrire 書く | j'écris | j'ai écrit | j'écrivais |
| être である | je suis | j'ai été | j'étais |
| faire する・作る | je fais | j'ai fait | je faisais |
| finir 終える | je finis | j'ai fini | je finissais |
| lire 読む | je lis | j'ai lu | je lisais |
| mettre 置く | je mets | j'ai mis | je mettais |
| partir 出発する | je pars | je suis parti(e) | je partais |
| pouvoir できる | je peux | j'ai pu | je pouvais |
| prendre 取る | je prends | j'ai pris | je prenais |
| recevoir 受け取る | je reçois | j'ai reçu | je recevais |
| répondre 答える | je réponds | j'ai répondu | je répondais |
| savoir 知っている | je sais | j'ai su | je savais |
| sortir 出かける | je sors | je suis sorti(e) | je sortais |
| venir 来る | je viens | je suis venu(e) | je venais |
| vivre 暮らす | je vis | j'ai vécu | je vivais |
| voir 見える・会う | je vois | j'ai vu | je voyais |
| vouloir 望む | je veux | j'ai voulu | je voulais |

# Colonne 1

**筆記体**

日記などを筆記体で書くことができると，見た目も美しく，気分も上がります。上への線は力を抜いて弱めに，下への線は力を入れて強めに書くのがコツです。

a b c d e f g h
i j k l m n o p
q r s t u v w x
y z

A B C D E F G H
I J K L M N O P
Q R S T U V W X
Y Z

第 **1** 章

自分のプロフィールを
書いてみよう

## 名前　Nom et prénom

私は河野まみといいます。

**Je m'appelle Mami Kawano.**

- - - - - - - - - - - - - - - - - - - - - - - - - - - - - - - - - - - - - -

私のファーストネームはまみです。

**Mon prénom est Mami.**

- - - - - - - - - - - - - - - - - - - - - - - - - - - - - - - - - - - - - -

私の名字は河野です。

**Mon nom de famille est Kawano.**

## 年齢　Âge

私は 27 歳です。

**J'ai 27 ans.**

## 誕生日　Anniversaire

私の誕生日は 12 月 17 日です。

**Mon anniversaire est le 17 décembre.**

- - - - - - - - - - - - - - - - - - - - - - - - - - - - - - - - - - - - - -

私は 1992 年 12 月 17 日に生まれました。

**Je suis née\* le 17 décembre 1992.** (\*né)

- - - - - - - - - - - - - - - - - - - - - - - - - - - - - - - - - - - - - -

私は 1992 年生まれです。

**Je suis née\* en 1992.** (\*né)

- - - - - - - - - - - - - - - - - - - - - - - - - - - - - - - - - - - - - -

私は 12 月生まれです。

**Je suis née\* en décembre.** (\*né)

---

**名前　Nom et prénom**

• 自分の名前を言うときには，**Je m'appelle 〜 .** を使います。
　**Je m'appelle** のあとは，ファーストネームだけでもかまいません。

ついでに〜「お名前は？」

　「お名前はなんとおっしゃるのですか？」
　**Comment vous appelez-vous ?**

---

**年齢　Âge**

• 年齢は，動詞 **avoir** を使って言います。

ついでに〜「年齢は？」

　「何歳ですか？」
　**Quel âge avez-vous ?**
　でも，失礼になるので，親しくない人には聞きません

　「彼(女)は何歳だと思いますか？」
　「40 歳くらいだと思います」
　**Quel âge lui donnez-vous ?**
　**- Je lui donne 40 ans environ.**

---

**誕生日　Anniversaire**

• 年月日は「日, 月, 年」の順序で言います。日付には **le** をつけます。「1
　日」だけは，序数詞（「〜番目の」）を使って，**le 1er (premier)** にな
　ります。

• 月の名前は英語と違って大文字で書き始めません。

　**Vocabulaire** 月 ▶ p.30

• 「〜年〜月〜日に」と言うときには，前置詞は必要ありません。

• 「〜年に」「〜月に」とだけ言うときは，前置詞 **en** を使います。

• **Je suis née** は **naître**「生まれる」の複合過去形です。

## 星座　Signes du zodiaque

私はいて座です。
**Je suis Sagittaire.**

## 十二支　Signes du zodiaque chinois

私は戌年生まれです。
**Je suis née\* l'année du chien.** (\*né)

## 住所　Adresse

私は横浜に住んでいます。
**J'habite (à) Yokohama.**

---

私は神奈川県に住んでいます。
**J'habite (dans) la préfecture de Kanagawa.**

---

私は日本に住んでいます。
**J'habite au Japon.**

---

私は日本の北部にある町に住んでいます。
**J'habite (dans) une ville située dans le nord du Japon.**

---

私は静かな地区に住んでいます。
**J'habite (dans) un quartier calme.**

🔍 活気のある　animé　🔍 庶民的な　populaire
🔍 歴史的な　historique

---

**星座　Signes du zodiaque**

・フランスでも星座占いは盛んです。ついでに，血液型占いはフランスにはなく，日常で血液型を話題にすることはまれです。

ついでに　「あなたの星座は？」

「あなたの星座は何ですか？」

## Quel est votre signe du zodiaque ?

**Vocabulaire**　星座 ≫ p.30

---

**十二支　Signes du zodiaque chinois**

・干支は，「戌年」のような「年」に関しては，中国の暦の紹介から，よく知られるようになっています。

**Vocabulaire**　十二支 ≫ p.31

---

**住所　Adresse**

・habiter は，「（県・都市・町・地区）に住む」では前置詞があってもなくてもかまいません（「日本の北部にある町に」では dans が２度現れるので，前置詞なしのほうがよいです）。「（国・地方）に住む」では，前置詞をつけて自動詞として使うのが一般的です。

**Vocabulaire**　方角 ≫ p.31

---

**ちょっと文法　「（国）に」**

国の場合，「～に」は，国名の性・数によって違いがあります。

**男性単数名詞　→ au** + 国名：**au Japon** 日本に
**男性・女性複数名詞　→ aux** + 国名：**aux États-Unis** アメリカに
**母音で始まる男性単数名詞　→ en** + 国名：**en Iran** イランに
**女性単数名詞　→ en** + 国名：**en France** フランスに

私は**会社員**です。

**Je suis employée\* de bureau.**（\*employé）

---

私は**フリージャーナリスト**です。

**Je suis journaliste indépendante\*.**（\*indépendant）

---

**旅行代理店**で働いています。

**Je travaille dans une agence de voyages.**

---

**アパレル関係**の仕事をしています

**Je travaille dans l'habillement.**

---

**アンスティテュ・フランセ日本**で働いています。

**Je travaille à l'Institut français du Japon.**

---

レストランで**ウェートレス**として働いています。

**Je travaille comme serveuse dans un restaurant.**

---

私は**京都大学**の学生です。

**Je suis étudiante\* à l'Université de Kyoto.**（\*étudiant）

---

私は**文学専攻**の学生です。

**Je suis étudiante\* en lettres.**（\*étudiant）

---

**哲学**の勉強をしています。

**Je fais des études de philosophie.**

---

**美容師**の資格の勉強をしています。

**Je prépare un CAP de coiffure.**

　　　　　🔄 調理師の　de cuisine　　🔄 エステティシャンの　d'esthétique

（　職業　Profession　）

ついでに「ご職業は？」

「何をなさっているのですか？」

# Qu'est-ce que vous faites [dans la vie] ?

職業を尋ねるときの言い方です

- **Je suis** のあとにくる職業名には，ふつう冠詞をつけません。

- 「旅行代理店で」のような言い方では，同種のものがいくつもあるうちの1つという意味で職場名に不定冠詞をつけ，前置詞は **dans** です。

- 「～関係の仕事をしている」という言い方は，**travailler dans + 業種名**です。業種名には，定冠詞をつけます。

  **Vocabulaire** 職業　職場　業種 ≻ p.32 ～ p.34

- 働いているところの具体名を言うときは，ふつう前置詞 **à** を使います。

- **comme+ 無冠詞名詞**は「～として」という意味です。

- フランスでは，初対面のとき，仕事を聞かれて，具体的な社名で答えることは，あまり一般的ではありません。

- 「～大学」の言い方は，大まかに言って，～の部分が地名の場合は **de** が入り（「京都大学」**l'Université de Kyoto**），それ以外は **de** が入りません（「明治大学」**l'Université Meiji**）。

- 「A大学の学生です」というとき，× **Je suis étudiant(e) de l'Université A.** は間違いです。前置詞 **à** を使います。

- 「～専攻（学部・学科）の」は，**en ～** で表します。

  **Vocabulaire** 専攻 ≻ p.34

- **CAP** ［セアペ］は **certificat d'aptitude professionnelle**「職業適格証」の略号で，職業国家資格です。「…の資格の勉強」は「CAP の準備をしています」と表現しました。

私は働いていません。

**Je ne travaille pas.**

---

臨時雇用で働いています。

**Je suis intérimaire.**

---

スーパーでアルバイトをしています。

**J'ai un job dans un supermarché.**

---

父の仕事を手伝っています。

**J'aide mon père dans son travail.**

---

父の会社で働いています。

**Je travaille dans la société de mon père.**

---

病気休暇中です。

**Je suis en congé (de) maladie.**

> **Q** 出産　(de) maternité　**Q** 育児　parental

---

私は 3 人の子どもの世話をしています。

**Je m'occupe de mes trois enfants.**

> **Q** 病気の母　ma mère malade
> □ s'occuper de 〜　〜の世話をする

---

失業中です。

**Je suis au chômage.**

---

職を探しています。

**Je suis à la recherche d'un emploi.**

- **être intérimaire** は，産休などで休んでいる社員の代理で働くことを言います。
- 「アルバイト」は **un petit boulot** とも言います。
- 「〜の仕事を手伝う」は，**aider 〜 dans son travail**「〜をその仕事において手伝う」という言い方で表します。

### ちょっと文法 「dans と à」

次のような前置詞の使い分けもあるので注意しましょう。

「私はある病院で働いています」

**Je travaille dans un hôpital.（dans ＋不定冠詞つき名詞）**

（個別の具体的な施設としての「病院」。たくさんある病院のうちの一つ）

「私は病院で働いています。病院勤務です」

**Je travaille à l'hôpital.（à ＋定冠詞つき名詞）**

（社会的機能を果たす施設の種別としての「病院」。
ほかの種類の施設との対比。「医院」でも「学校」でも「役所」でもなく「病院」）

ここから，次のようなケースも出てきます。

「私はこの病院で働いています」

→ ○ **Je travaille dans cet hôpital.**
　 × **Je travaille à cet hôpital.**

「この病院」ということは，個別の具体的な病院という位置づけなので，前置詞は **dans** を使います。

兄（弟）が1人います。

**J'ai un frère.**

---

姉（妹）が3人いますが，兄（弟）はいません。

**J'ai trois sœurs mais je n'ai pas de frère.**

---

私たちは3人きょうだいです。

**Nous sommes trois enfants.**

---

兄（弟）も姉（妹）もいません。

**Je n'ai ni frère ni sœur.**

---

私は一人娘です。

**Je suis fille unique.**

□ **unique**  ただ1人（一つ）の

---

わが家は4人家族です。

**Nous sommes une famille de quatre personnes.**

---

異父兄弟が1人います。

**J'ai un demi-frère par mon père.**

Q, 異母兄弟  un demi-frère par ma mère
Q, 異父姉妹  une demi-sœur par mon père
Q, 異母姉妹  une demi-sœur par ma mère

---

- 「きょうだい」も「子ども」も，「いる・いない」は動詞 **avoir** を使って表します。

> ついでに 「ごきょうだいは？」

「きょうだいはいらっしゃいますか？」

## Vous avez des frères et sœurs ?

**Q** お子さん　enfants

- ふつう「兄」と「弟」，「姉」と「妹」は区別しませんが，区別したいときには，「兄」は **frère aîné**，「弟」は **frère cadet**，「姉」は **sœur aînée**，「妹」は **sœur cadette** と言います。
- 自分も含めて「〜人きょうだいです」と言うときは，「私たちは〜人の子どもたちです」という言い方をします。

### ちょっと文法　「否定の de」

否定文では，冠詞に注意しましょう。直接目的語についている不定冠詞と部分冠詞は，否定文では **de (d')** になります。

J'ai <u>un</u> frère. → Je n'ai pas <u>de</u> frère.

**ne... ni... ni...** は二つ以上のものを否定するときに使います。このときは，この否定の **de** は使いません。

Je n'ai ni frère ni sœur.

ただし，**ne... pas... ni...** の言い方もあり，その場合は否定の de を使います。

Je n'ai pas de frère, ni de sœur.

- **Je suis fille unique.** の言い方のときは，冠詞は入りません（男性が言うときは **Je suis fils unique.**「私は一人息子です」ですが，そのときも同じです）。

私は実家に住んでいます。

**J'habite chez mes parents.**

> 🔍 1人で　toute seule* （*tout seul）
> 🔍 姉（妹）と　avec ma sœur

---

パートナーと暮らしています。

**Je vis en couple.**

---

私は結婚しています。

**Je suis mariée*.** （*marié）

> 🔍 独身の　célibataire　🔍 離婚した　divorcée* （*divorcé）

---

子どもが2人います。男の子1人と女の子1人です。

**J'ai deux enfants : un garçon et une fille.**

---

私たちには子どもがいません。

**Nous n'avons pas d'enfants.**

---

2年前に父を亡くしました。

**J'ai perdu mon père il y a deux ans.**

- **J'habite chez mes parents.** は「私は実家に（両親の家に）住んでいます」（結婚や一人暮らしをするまで）ですが，**J'habite avec mes parents.** は「私は両親と同居しています」（結婚しても同居したり自分の家に呼び寄せたりの場合）で，意味が異なります。

### ちょっと文法　「副詞の tout」

副詞はふつう性・数の変化をしませんが，「まったく」「すっかり」の意味の副詞 tout は，子音および有音の h で始まる女性形容詞の前では，toute, toutes と変化します。男性形容詞の前では常に tout です。

| | |
|---|---|
| Elle est **toute** contente. | 彼女はすっかり満足しています。 |
| Elle est **tout** endormie. | 彼女はすっかり眠り込んでいます。 |
| Elles sont **toutes** honteuses. | 彼女たちはすっかり恥じ入っています。 |
| Elles sont **tout** heureuses. | 彼女たちはとても喜んでいます。 |
| Ils sont **tout** surpris. | 彼らはとても驚いています。 |

- **vivre en couple** は直訳すると「カップルで生活する」という意味ですが，フランスで多い事実婚のときによく使う言い方です。
- **Je vis** の **vis** の不定詞は **vivre** で，「暮らす」「生活する」という意味です。
- **J'ai perdu** は動詞 **perdre**「失う」の複合過去形です。
- **il y a〜**は「（今から）〜前に」という過去のある時点を表す前置詞です。

**Vocabulaire** 家族 ▶ p.35

私は**映画**がとても好きです。

## J'aime beaucoup le cinéma.

私は**ピアノを弾く**のが好きです。

## J'aime jouer du piano.

> □ **jouer de ～** （楽器）を演奏する

私は**ゴルフ**に熱中しています。

## Je suis passionnée* de golf. (*passionné)

私は自由な時間はいつも**読書して**過ごします。

## Je passe tout mon temps libre à lire.

> □ **passer... à + 不定詞**　～して…を過ごす

テニスをやっています。

## Je fais du tennis.

> 🔎 ギター　**de la guitare**　　🔎 フランス語　**du français**
> 🔎 刺繍　**de la broderie**

私は毎金曜日の夜に**英語の**レッスンを受けています。

## Je prends des cours d'anglais le vendredi soir.

> 🔎 ヨガの　**de yoga**
> 🔎 マインドフルネスの　**de méditation de pleine conscience**

週に2回**ジム**に通っています。

## Je vais au club de gym deux fois par semaine.

> 🔎 プールに　**à la piscine**

よく**美術館**に行きます。

## Je vais souvent au musée.

> 🔎 図書館に　**à la bibliothèque**　　🔎 コンサートに　**au concert**
> □ **souvent**　しばしば

## 余暇の楽しみ　Loisirs

- 動詞 **aimer** に名詞をつけて,「～が好きである」と言うとき,名詞に
  は定冠詞をつけ,数えられないものは単数形に,数えられるものは複
  数形にします。また,動詞の不定詞をつけて「～することが好きであ
  る」と言うこともできます。

**ちょっと文法　「総称の定冠詞」**

名詞に定冠詞をつけるのは,名詞が「～というもの」という総称の意
味を持つからです。定冠詞には,総称を表す,という用法があります。

- **le cinéma** は「ジャンルとしての映画（芸術）」「映画館」の意味です。
  個々の映画作品は **un film** です。「私はフランス映画が大好きです」は,

  **J'aime beaucoup le cinéma français.**

  **J'aime beaucoup les films français.**

  の両方の言い方が可能です。

- **faire + 部分冠詞 + 名詞**は,「（楽器・スポーツ・勉強など）の活動を
  する」という言い方で,広くいろいろなことに使えます。部分冠詞
  をつけることに注意しましょう。

- **cours** は,勉強関係だけでなく,スポーツなどのレッスンにも使えま
  す。

- 曜日名に定冠詞をつけると,「毎～曜日」の意味になります。

- **（数詞）fois par ～**は頻度の言い方です。「月に1度」なら **une fois
  par mois** となります。

**ついでに** 「頻度を尋ねる」

「**週**に何回映画に行きますか?」

## Combien de fois par semaine allez-vous au cinéma ?

**Q** 月　mois　　**Q** 年　an

**Vocabulaire** 余暇の楽しみ　週 ▶ p.36 ～

## 🦢 語彙 Vocabulaire

### 月　mois

| 1 月 | janvier | ジャンヴィエ |
|---|---|---|
| 2 月 | février | フェヴリエ |
| 3 月 | mars | マるス |
| 4 月 | avril | アヴリル |
| 5 月 | mai | メ |
| 6 月 | juin | ジュアン |
| 7 月 | juillet | ジュイエ |
| 8 月 | août | ウ(ットゥ) |
| 9 月 | septembre | セプタンブる |
| 10 月 | octobre | オクトブる |
| 11 月 | novembre | ノヴァンブる |
| 12 月 | décembre | デサンブる |

### 星座　signes du zodiaque

| おひつじ座 | Bélier | ベリエ |
|---|---|---|
| おうし座 | Taureau | トろ |
| ふたご座 | Gémeaux | ジェモ |
| かに座 | Cancer | カンセーる |
| しし座 | Lion | リオン |
| おとめ座 | Vierge | ヴィエるジュ |
| てんびん座 | Balance | バランス |
| さそり座 | Scorpion | スコるピオン |
| いて座 | Sagittaire | サジテーる |
| やぎ座 | Capricorne | カプリコるヌ |
| みずがめ座 | Verseau | ヴェるソ |
| うお座 | Poissons | ポワソン |

## 十二支　signes du zodiaque chinois

| | | |
|---|---|---|
| 子 | rat (*m.*) | ら |
| 丑 | vache (*f.*) | ヴァシュ |
| 寅 | tigre (*m.*) | ティーグる　(buffle (*m.*) ビュフルとも言う) |
| 卯 | lièvre (*m.*) | リエーヴる　(lapin (*m.*) ラパンとも言う) |
| 辰 | dragon (*m.*) | ドらゴン |
| 巳 | serpent (*m.*) | せるパン |
| 午 | cheval (*m.*) | シュヴァル |
| 未 | mouton (*m.*) | ムトン |
| 申 | singe (*m.*) | サンジュ |
| 酉 | coq (*m.*) | コック |
| 戌 | chien (*m.*) | シヤン |
| 亥 | cochon (*m.*) | コション　(ふつう cochon は「豚」) |

## 方角　points cardinaux

| | | |
|---|---|---|
| 北 | nord (*m.*) | ノーる |
| 南 | sud (*m.*) | スュドゥ |
| 東 | est (*m.*) | エストゥ |
| 西 | ouest (*m.*) | ウェストゥ |
| 北東 | nord-est (*m.*) | ノーれストゥ |
| 北西 | nord-ouest (*m.*) | ノーるエストゥ |
| 南東 | sud-est (*m.*) | スュデストゥ |
| 南西 | sud-ouest (*m.*) | スュドゥエストゥ |

## 職業　profession

| | | |
|---|---|---|
| 医師 | médecin | メドゥサン |
| エンジニア | ingénieur | アンジェニウーる |
| 音楽家 | musicienne | ミュズィスィエヌ（男性は musicien） |
| 会社員 | employée de bureau | アンプロワィエ・ドゥ・ビュろ（男性は employé de bureau） |
| 画家 | peintre | パントゥる |
| 学生 | étudiante | エテュディアントゥ（男性は étudiant） |
| 歌手 | chanteuse | シャントゥーズ（男性は chanteur） |
| キャビンアテンダント | hôtesse de l'air | オテス・ドゥ・レーる（男性は steward） |
| 看護師 | infirmière | アンフィるミエーる（男性は infirmier） |
| 教師（小学校） | institutrice | アンスティテュトゥりス（男性は instituteur） |
| 教師（中学以上） | professeur | プろフェッスーる |
| 研究者 | chercheuse | シェるシューズ（男性は chercheur） |
| 公務員 | fonctionnaire | フォンクスィオネーる |
| 歯科医師 | dentiste | ダンティストゥ |
| 主婦 | femme au foyer | ファム・オ・フォワィエ |
| ジャーナリスト | journaliste | ジューるナリストゥ |
| 獣医師 | vétérinaire | ヴェテリネーる |
| デザイナー | styliste | スティリストゥ |
| パティシエール | pâtissière | パティスィエーる（男性は pâtissier） |
| 販売員 | vendeuse | ヴァンドゥーズ（男性は vendeur） |
| 秘書 | secrétaire | スクれテーる |
| 美容師 | coiffeuse | コワフーズ（男性は coiffeur） |
| 編集者 | rédactrice | れダクトリス（男性は rédacteur） |
| 保育士 | puéricultrice | ピュエりキュルトゥりス（男性は puériculteur） |
| 翻訳家 | traductrice | トらデュクトリス（男性は traducteur） |
| 薬剤師 | pharmacienne | ファるマスィエヌ（男性は pharmacien） |

## 職場　lieu de travail

| 衣料品店 | magasin de vêtements (*m.*) | マガザン・ドゥ・ヴェットゥマン |
|---|---|---|
| 銀行 | banque (*f.*) | バンク |
| 航空会社 | compagnie aérienne (*f.*) | コンパニ・アエリエヌ |
| 広告代理店 | agence de publicité (*f.*) | アジャンス・ドゥ・ピュブリスィテ |
| 工場 | usine (*f.*) | ユズィヌ |
| 市(区)役所 | mairie (*f.*) | メリ |
| 出版社 | maison d'édition (*f.*) | メゾン・デディスィオン |
| 商社 | société de commerce (*f.*) | ソスィエテ・ドゥ・コメルス |
| スーパー | supermarché (*m.*) | スューぺるマるシェ |
| 製薬会社 | laboratoire de produits pharmaceutiques (*m.*) | ラボらトワーる・ドゥ・プろデュイ・ファるマスティック |
| デパート | grand magasin (*m.*) | グらン・マガザン |
| テレビ局 | chaîne de télévision (*f.*) | シェーヌ・ドゥ・テレヴィズィオン |
| 不動産会社 | agence immobilière (*f.*) | アジャンス・イモビリエーる |
| 保育園 | crèche (*f.*) | クれーシュ |
| 貿易会社 | société d'import-export (*f.*) | ソスィエテ・ダンポーる・エクスポーる |
| 保険会社 | compagnie d'assurance (*f.*) | コンパニ・ダスュらンス |
| ホテル | hôtel (*m.*) | オテル |
| 美術館 | musée (*m.*) | ミュゼ |
| 郵便局 | bureau de poste (*m.*) | ビュろ・ドゥ・ポストゥ |
| 幼稚園 | école maternelle (*f.*) | エコール・マテるネル |
| 旅行代理店 | agence de voyages (*f.*) | アジャンス・ドゥ・ヴォワィヤーじュ |
| レストラン | restaurant (*m.*) | れストらン |

## 業種　secteur d'activité

| | | |
|---|---|---|
| 衣料 | habillement (*m.*) | アビーユマン |
| 印刷 | imprimerie (*f.*) | アンプリムり |
| 飲食 | restauration (*f.*) | れストらスィオン |
| 観光 | tourisme (*m.*) | トゥーりスム |
| 教育 | enseignement (*m.*) | アンセニュマン |
| 金融 | finance (*f.*) | フィナンス |
| 広告 | publicité (*f.*) | ピュブリスィテ |
| 出版 | édition (*f.*) | エディスィオン |
| 情報 | informatique (*f.*) | アンフォるマティック |
| 食品 | alimentation (*f.*) | アリマンタスィオン |
| 通信 | télécommunications (*f.pl.*) | テレコミュニカスィオン |
| ファッション | mode (*f.*) | モードゥ |
| 保険 | assurances (*f.pl.*) | アスュらンス |

## 専攻　spécialité

| | | |
|---|---|---|
| 医学 | médecine (*f.*) | メドゥスィヌ |
| 化学 | chimie (*f.*) | シミ |
| 教育学 | pédagogie (*f.*) | ペダゴジ |
| 経済学 | sciences économiques (*f.pl.*) | スィアンス・エコノミック |
| 工学 | ingénierie (*f.*) | アンジェニり |
| 社会学 | sociologie (*f.*) | ソスィオロジ |
| 心理学 | psychologie (*f.*) | プスィコロジ |
| 政治学 | science politique (*f.*) | スィアンス・ポリティック |
| 哲学 | philosophie (*f.*) | フィロゾフィ |
| 天文学 | astronomie (*f.*) | アストろノミ |
| 法学 | droit (*m.*) | ドゥろワ |
| 物理学 | physique (*f.*) | フィズィック |
| 文学 | lettres (*f.pl.*) | レットゥる |
| 歴史学 | histoire (*f.*) | イストワーる |

## 家族　famille

| 父 | père | ぺーる |
|---|---|---|
| 母 | mère | メーる |
| 両親 | parents | パらン |
| 祖父 | grand-père | グらン・ぺーる |
| 祖母 | grand-mère | グらン・メーる |
| 祖父母 | grands-parents | グらン・パらン |
| 兄 | frère（aîné） | フれーる（エネ） |
| 弟 | frère（cadet） | フれーる（カデ） |
| 姉 | sœur（aînée） | スーる（エネ） |
| 妹 | sœur（cadette） | スーる（カデットゥ） |
| 夫 | mari | マリ |
| 妻 | femme | ファム |
| パートナー（男性） | compagnon | コンパニョン |
| パートナー（女性） | compagne | コンパーニュ |
| 息子 | fils | フィス |
| 娘 | fille | フィーユ |
| 子ども | enfant | アンファン |
| 伯（叔）父 | oncle | オンクル |
| 伯（叔）母 | tante | タントゥ |
| 甥 | neveu | ヌヴ |
| 姪 | nièce | ニエース |
| 従兄・弟 | cousin | クザン |
| 従姉・妹 | cousine | クズィヌ |
| 義父 | beau-père | ボ・ぺーる |
| 義母 | belle-mère | ベル・メーる |
| 義兄・弟 | beau-frère | ボ・フれーる |
| 義姉・妹 | belle-sœur | ベル・スーる |
| 父方の祖父 | grand-père paternel | グらン・ぺーる・パテるネル |
| 母方の祖父 | grand-père maternel | グらン・ぺーる・マテるネル |

## 余暇の楽しみ　loisirs

| 編み物 | tricot (*m.*) | トゥリコ |
|---|---|---|
| 映画 | cinéma (*m.*) | スィネマ |
| 演劇 | théâtre (*m.*) | テアートゥる |
| 音楽 | musique (*f.*) | ミュズィック |
| 絵画 | peinture (*f.*) | パンテューる |
| ガーデニング | jardinage (*m.*) | ジャるディナージュ |
| 散歩 | promenade (*f.*) | プろムナードゥ |
| 刺繍 | broderie (*f.*) | ブろドゥり |
| 写真 | photo (*f.*) | フォト |
| スポーツ | sport (*m.*) | スポーる |
| 釣り | pêche (*f.*) | ペーシュ |
| ドライブ | promenade en voiture (*f.*) | プろムナードゥ・アン・ヴォワテューる |
| 読書 | lecture (*f.*) | レクテューる |
| 日曜大工 | bricolage (*m.*) | ブりコラージュ |
| 旅行 | voyage (*m.*) | ヴォワィヤージュ |
| | | |
| 歌う | chanter | シャンテ |
| 運転する | conduire | コンデュイーる |
| 絵を描く | peindre | パンドゥる |
| (楽器を) 演奏する | jouer de | ジュエ・ドゥ |
| 踊る | danser | ダンセ |
| 泳ぐ | nager | ナジェ |
| 散歩する | se promener | ス・プろムネ |
| デッサンする | dessiner | デスィネ |
| 読書する | lire | リーる |
| 走る | courir | クリーる |
| 料理をする | cuisiner | キュイズィネ |
| 旅行をする | voyager | ヴォワィヤジェ |
| ウインドサーフィン | planche à voile (*f.*) | プランシュ・ア・ヴォワル |

| | | |
|---|---|---|
| 筋トレ | musculation (*f.*) | ミュスキュラスィオン |
| ゴルフ | golf (*m.*) | ゴルフ |
| サーフィン | surf (*m.*) | スーるフ |
| サッカー | foot[ball] (*m.*) | フット[ボル] |
| 乗馬 | équitation (*f.*) | エキタスィオン |
| ジョギング | jogging (*m.*) | ジョギング |
| 水泳 | natation (*f.*) | ナタスィオン |
| スカッシュ | squash (*m.*) | スクワッシュ |
| スキー | ski (*m.*) | スキ |
| スキューバダイビング | plongée sous-marine (*f.*) | プロンジェ・ス・マリヌ |
| スケート | patinage (*m.*) | パティナージュ |
| スノーボード | monoski (*m.*) | モノスキ |
| ダンス | danse (*f.*) | ダンス |
| テニス | tennis (*m.*) | テニス |
| 登山 | alpinisme (*m.*) | アルピニスム |
| ハイキング (トレッキング) | randonnée (*f.*) | らンドネ |
| バレエ | ballet (*m.*) | バレ |
| バレーボール | volley[-ball] (*m.*) | ヴォレ[ボル] |
| ヨガ | yoga (*m.*) | ヨガ |
| ヨット | voile (*f.*) | ヴォワル |
| | | |
| 歌 | chant (*m.*) | シャン |
| ギター | guitare (*f.*) | ギターる |
| バイオリン | violon (m.) | ヴィオロン |
| ピアノ | piano (*m.*) | ピアノ |
| フルート | flûte (*f.*) | フリュートゥ |

## 週　semaine

| 月曜日 | lundi | ランディ |
|---|---|---|
| 火曜日 | mardi | マるディ |
| 水曜日 | mercredi | メるクるディ |
| 木曜日 | jeudi | ジュディ |
| 金曜日 | vendredi | ヴァンドゥるディ |
| 土曜日 | samedi | サムディ |
| 日曜日 | dimanche | ディマンシュ |

| 月曜日に | lundi | ランディ |
|---|---|---|
| 毎火曜日に | le mardi（tous les mardis） | ル・マるディ（トゥ・レ・マるディ） |
| 水曜日の朝に | mercredi matin | メるクるディ・マタン |
| 木曜日の午後に | jeudi après-midi | ジュディ・アプれ・ミディ |
| 金曜日の夜に | vendredi soir | ヴァンドるディ・ソワーる |
| 今度の土曜日に | samedi prochain | サムディ・プろシャン |
| この前の日曜日に | dimanche dernier | ディマンシュ・デるニエ |
| 日曜日から月曜日にかけての夜に | dans la nuit de dimanche à lundi | ダン・ラ・ニュイ・ドゥ・ディマンシュ・ア・ランディ |

| 平日 | jour de semaine | ジューる・ドゥ・スメーヌ |
|---|---|---|
| 週末 | week-end | ウィケンドゥ |

第**2**章

# 毎日の出来事を
# 書いてみよう

## 次は，日常の出来事を書いてみましょう。

### 朝　Le matin

6時に起きました。

**Je me suis levée\* à 6 heures.** (\*levé)

> **Q** 6時15分　**6 heures et quart**　**Q** 6時半　**6 heures et demie**
> **Q** 7時15分前　**7 heures moins le quart**

いつもより早く目が覚めました。

**Je me suis réveillée\* plus tôt que d'habitude.** (\*réveillé)

> ☐ d'habitude　いつもは・ふだんは

今朝は寝坊をしました。

**Je me suis réveillée\* tard ce matin.** (\*réveillé)

アラームが鳴りませんでした。

**Mon alarme n'a pas sonné.**

> **Q** 目覚まし　réveil

何度もスヌーズボタンを押しました。

**J'ai appuyé plusieurs fois sur le bouton snooze.**

朝食の前にシャワーを浴びました。

**J'ai pris une douche avant le petit déjeuner.**

> **Q** の後に　après

メッセージを読みました。

**J'ai lu mes messages.**

ネットで，天気予報を見ました。

**J'ai regardé la météo sur Internet.**

> **Q** 星占い　mon horoscope　**Q** ニュース　le journal

40

## 朝　Le matin

- **se lever** は「起き上がる」, **se réveiller** は「目を覚ます」という意味です。

ついでに　「何時に起きた？」

「今朝は何時に起きましたか？」

# À quelle heure est-ce que vous vous êtes levé(e) ce matin ?

### ちょっと文法　「身づくろいの動詞」

朝起きてから夜寝るまで, 身づくろいには代名動詞がよく使われます。自分の体に関わることには, 代名動詞をよく用いるからです。まとめてあげておきましょう。

| | |
|---|---|
| s'habiller　服を着る | se déshabiller　服を脱ぐ |
| se maquiller　お化粧をする | se démaquiller　お化粧を落とす |
| se laver　体を洗う | se laver（体の部分）〜を洗う |
| s'essuyer　体を拭く | s'essuyer（体の部分）〜を拭く |
| se brosser les dents　歯を磨く | se sécher les cheveux　髪を乾かす |
| se peigner　髪をとかす | se coiffer　髪を整える |
| se couper les ongles　つめを切る | se rincer la bouche　口をゆすぐ |

### ちょっと文法　「比較の plus... que」

「いつもより早く」の **plus tôt que d'habitude** は, **plus... que** 〜の比較の表現です。**que** のあとには, 名詞以外のものも置くことができ, 文の場合は改まった言い方では虚辞の（否定ではない）ne が入ります。

「試験は思っていたよりも簡単でした」

**L'examen a été plus facile que je (ne) le pensais.**

- **le journal** は「新聞」だけでなく, 「ニュース（番組）」も表します。
- 「インターネット」については→ p.67

テレビを見ながら朝食を取りました。

**J'ai pris le petit déjeuner en regardant la télé.**

朝食には，バターをつけたパンを食べ，カフェオレを飲みました。

**J'ai mangé du pain beurré et bu du café au lait au petit déjeuner.**

ご飯と焼き魚を食べ，お味噌汁を飲みました。

**J'ai mangé du riz, du poisson grillé et de la soupe de miso.**

スムージーを飲みました。

**J'ai bu un smoothie.**

- 野菜ジュース　du jus de légumes
- 紅茶　du thé　　緑茶　du thé vert

朝ごはんを食べる時間がありませんでした。

**Je n'ai pas eu le temps de prendre le petit déjeuner.**

- お弁当を作る　préparer mon bento
- 髪をセットする　me faire un brushing
- □ avoir le temps de + 不定詞　〜する時間がある

食欲がありませんでした。

**Je n'avais pas d'appétit.**

ついでに　「何を食べた？」

「朝ごはんには何を食べましたか？」

# Qu'est-ce que vous avez mangé au petit déjeuner ?

- **en regardant** は，動詞 **regarder** のジェロンディフの形です。ここでは「〜しながら」という意味を表しています。

## ちょっと文法 「ジェロンディフ」

### 形
**〈en + 現在分詞〉**
現在分詞は, nous の現在形から -ons を取り, 代わりに -ant をつけます。

regarder 見る　→　nous regard**ons**　→　regard**ant**

dire　　言う　→　nous dis**ons**　　　→　dis**ant**

### 用法
同時「〜しながら」「〜するとき」を表すほか, 文脈によって条件「〜すれば」, 手段「〜することによって」, 対立「〜しながらも」(tout + ジェロンディフの形で使う) などの意味を表します。

- フランス語では,「スープを飲む」と言わず, **manger de la soupe**「スープを食べる」と言います。ですから，「お味噌汁」の場合も，動詞は **manger** になります。
- フランス人の朝食は比較的シンプルで，バターやジャムをつけたパンに，コーヒー・カフェオレ・紅茶などの温かい飲み物，が一般的です。
- 英語からの外来語 smoothie は [ スムースィ ] と発音します。
- お弁当については→ p. 53。
- 代名動詞を不定詞で使うときについては→ p. 61。

ついでに　「食欲のことわざ」

「食欲は食べているうちに出てくる」

# L'appétit vient en mangeant.

暖かい服装をしました。

# Je me suis habillée* chaudement. (*habillé)

□ s'habiller　服を着る　　□ chaudement　暖かく

---

服がなかなか決まりませんでした。

# J'ai mis du temps pour choisir ma tenue.

□ mettre du temps pour + 不定詞　〜するのに時間がかかる

---

昨日買ったブラウスを着ました。

# J'ai mis le chemisier que j'ai acheté hier.

---

メークをして，オードトワレをつけました。

# Je me suis maquillée* et mis de l'eau de toilette. (*maquillé)

🔍 香水　du parfum

□ se mettre 〜　自分の体に〜をつける

---

猫にえさをやりました。

# J'ai donné à manger à mon chat.

🔍 犬　chien　　🔍 ウサギ　lapin　　🔍 トリ　oiseau
🔍 金魚　poisson rouge　　🔍 ハムスター　hamster
□ donner à manger　食べ物を与える

---

洗濯物を干しました。

# J'ai étendu le linge.

---

植物に水やりをしました。

# J'ai arrosé mes plantes.

---

出かける前にゴミを出しました。

# J'ai sorti les ordures avant de partir.

□ avant de + 不定詞　〜する前に

ついでに 「何を着る？」

「あした何を着ていく？」
# Comment tu t'habilles demain ?

- 「(服を) 着る」「(靴を) 履く」「(ベルトを) 締める」「(帽子を) 被る」「(メガネを) かける」,「(アクセサリーを) つける」「(時計を) はめる」「(香水を) つける」など，日本語では動詞を使い分けますが，フランス語では「衣服・靴・装身具などを身につける」は，どれも **mettre** で表現できます。また，「身につけている」という状態を表すときは，**porter** を使います。

ついでに 「身に着けている」

「彼女はメガネをかけています」
# Elle porte des lunettes.

**Vocabulaire** 衣服　靴　小物　装身具 ▶ p.88 ～ p.90

### ちょっと文法 「関係代名詞 que」

**le chemisier que j'ai acheté hier** の **que** は関係代名詞です。

J'ai acheté <u>le chemisier</u> hier.

→ <u>Le chemisier</u> **que** j'ai acheté hier

私は昨日 (その) シャツを買いました。

→ 私が昨日買った (その) シャツ

- フランス人は，仕事に出かけるときでも香水の類をよくつけます。男性でも，オードトワレをつける人は珍しくありません。

### ちょっと文法 「sortir の助動詞」

**sortir** は，「外出する」という自動詞のときは助動詞として **être** を使いますが，「～を出す」というように他動詞として使うときは，助動詞は **avoir** です。

駅まで走りました。

## J'ai couru jusqu'à la gare.

🔎 バス停　l'arrêt de bus

---

雪が降っていたので，いつもより30分早く家を出ました。

## Je suis partie* de chez moi une demi-heure plus tôt que d'habitude parce qu'il neigeait. (*parti)

🔎 予定　prévu

---

事故のため，電車が遅れました。

## Mon train a eu du retard à cause d'un accident.

🔎 バス　bus　　🔎 地下鉄　métro　　🔎 路面電車　tram

□ à cause de 〜　〜が原因で

---

遅刻しそうになりました。

## J'ai failli arriver en retard.

□ arriver en retard　遅れて到着する

---

家にスマホを忘れました。

## J'ai oublié mon smartphone à la maison.

🔎 社員証 ma carte d'employé　　🔎 学生証 ma carte d'étudiant

🔎 スイカ（Suica）ma carte Suica

---

いつものように9時10分前にオフィスに着きました。

## Je suis arrivée* au bureau à neuf heures moins dix, comme d'habitude. (*arrivé)

---

熱があったので，仕事を休みました。

## Je ne suis pas allée* travailler parce que j'avais de la fièvre. (*allé)

🔎 具合が悪かった　j'étais malade

🔎 頭が痛かった　j'avais mal à la tête

🔎 めまいがした　j'avais des vertiges

🔎 風邪を引いた　j'ai attrapé un rhume

- **la gare** は,「電車・列車の駅」です。「地下鉄の駅」は **la station**〔**de métro**〕です。

**Vocabulaire** 乗物 ▷ p.88

- partir は自動詞なので,「(私の) 家を出る」は「(私の) 家**から**出る」partir **de** chez moi と表現します。

### ちょっと文法 「半過去の用法」

**il neigeait** は **il neige**「雪が降っている」の半過去形です。この文は,「家を出た」ときの状況説明になっています。このようなとき,動詞は,複合過去形ではなく,半過去形にします。

- 〈**j'ai failli + 不定詞**〉で,「私は〜しそうになった」という意味になります。不定詞は **faillir** です。ふつう複合時制 (助動詞を使う時制) でのみ使われます。
- 「家に (で)」というときは,必ず定冠詞をつけて,**à la maison** と言います。× **à ma maison** とは言いません。「私の」を言い表したいときは,**chez moi** を使います。
- Suica や Pasmo のような「プリペイド IC カード」のことは,**carte à puce prépayée**（f.）と言います。

### ちょっと文法 「avoir と être の半過去形」

最後の例にある **j'avais**,**j'étais** はそれぞれ **avoir** と **être** の半過去形です。上の **il neigeait** と同じ理由で半過去形になっています。

**avoir の半過去形**

j'avais, tu avais, il avait, nous avions, vous aviez, ils avaient

**être の半過去形**

j'étais, tu étais, il était, nous étions, vous étiez, ils étaient

メールをチェックしました。

**J'ai consulté mes mails.**

---

メールを送信しました。

**J'ai envoyé des mails.**

---

メールに返信しました。

**J'ai répondu à mes mails.**

> □ **répondre à ～**　～に答える・返信する

---

資料をコピーしました。

**J'ai photocopié des documents.**

> **Q** 添付　**joint**

---

ファイルの整理をしました。

**J'ai classé des dossiers.**

> **Q** データ　**données**　　**Q** 書類　**papiers**

---

経費計算をしました。

**J'ai fait le calcul des coûts.**

---

10 時に会議がありました。

**J'ai eu une réunion à dix heures.**

---

次の企画会議は 6 日の 14 時からの予定です。

**La prochaine réunion de planification est prévue pour le 6, à partir de 14 heures.**

> □ **être prévu pour ～**　～に予定されている
> □ **à partir de ～**　～から

---

X 社の Z 氏とのアポをとりました。

**J'ai pris rendez-vous avec Monsieur Z de la société X.**

> □ **prendre rendez-vous avec ～**　～と面会の約束を取りつける

48

## オフィスで　Au bureau

- 「メール」は、**mail**（*m.*）が一般的ですが、そのほかに、**courrier électronique**（*m.*）、**e-mail**（*m.*）、**courriel**（*m.*）という語もあります。

- 「コピーする」は **photocopier** です。**copier** だと「書き写す」になるので注意しましょう。「コピー」も **photocopie**（*f.*）です。

- **joint** は動詞 **joindre** の過去分詞です。

- **dossier** は「関連書類（のファイル）」を意味しますが、web 用語では「フォルダー」のことを言います。web 用語での「ファイル」は fichier（*m.*）です。

- **réunion** は、「会議」「ミーティング」「打ち合わせ」などに広く使える語です。会社関係だけではなく、**réunion des parents d'élèves**「父母（保護者）会」、**réunion des professeurs**「教授会」など、さまざまな「会合」「集会」に使えます。

- 「アポイントメント」は **rendez-vous**（*m.*）ですが、この語には、「予約」の意味もあります。

---

ついでに 「予約しました」

「歯医者さんに予約を入れました」

## J'ai pris rendez-vous chez le dentiste.

🔎 美容院に　**chez le coiffeur**

- 「会社」に相当するフランス語は、いくつかあります。**société**（*f.*）は「株式会社」「有限会社」を主にいいます。**entreprise**（*f.*）は、規模の大小を問わず広く「企業」を指します。**compagnie**（*f.*）は、特に運輸・保険・貿易関係の「会社」に使います。また、「家」の意味でおなじみの **maison**（*f.*）を「商店・会社」の意味で使うこともあります。そのほか、会社の種類を問題にせずに、「働いている場所としての会社」としては、**bureau**（*m.*）「オフィス」が一般的です。

明日のアポが**キャンセル**になりました。

## Le rendez-vous de demain a été annulé.

    🔍 延期に　reporté

---

**会議**は予定よりずっと早く終わりました。

## La réunion a fini beaucoup plus tôt que prévu.

    🔍 作業　L'opération　　🔍 準備　La préparation

---

上司と一緒に X 社の販売責任者と会いました。

## J'ai rencontré le responsable des ventes de la société X avec mon chef.

---

**議事録**を作成しました。

## J'ai rédigé le procès-verbal de la réunion.

    🔍 請求書　une facture　　🔍 見積書　un devis

---

出張の報告をしました。

## J'ai fait le compte-rendu de mon voyage d'affaires.

---

札幌に出張しました。

## J'ai fait un voyage d'affaires à Sapporo.

---

**環境保護**についてのセミナーに参加しました。

## J'ai assisté à un séminaire sur la protection de l'environnement.

    🔍 マーケティング　le marketing
    🔍 生物多様性の保全　la sauvegarde de la biodiversité

---

**情報処理**の研修を受けました。

## J'ai fait un stage d'informatique.

    🔍 危機管理の　de gestion de crise

50

## ちょっと文法 「受動態」

「キャンセルになった」の **a été annulé** は, **annuler**「キャンセルする」
の受動態の形です。受動態は〈**être + 過去分詞**〉で表します。動詞
の時制は, **être** の活用で示します。ここでは, **a été** と複合過去形になっ
ているので（**été** は **être** の過去分詞）, この文は, 受動態の複合過去形,
ということになります。

On **a annulé** le rendez-vous de demain.（能動態）

→ Le rendez-vous de demain **a été annulé**.（受動態）

---

<ついでに> 「アポを変更する」

「アポ（予約）の時間を変更したいのですが」

## Je voudrais modifier l'heure de mon rendez-vous.

**Q.** アポ（予約）をキャンセル　**annuler mon rendez-vous**

**Q.** アポ（予約）を延期　**reporter mon rendez-vous**

---

- beaucoup plus tôt の beaucoup は, 比較級 plus tôt を強めています。
比較級を強めるときには très は使えません。beaucoup または bien
を使います。

- **chef** は「上司」の意味でもよく使われます。

---

<ついでに> 「出張中」

「部長は出張中です」

## Le directeur est en déplacement (en voyage d'affaires).

**Vocabulaire** 役職 ▷ p.91

---

- 「〜について」は **sur** のほかに, **au sujet de** も使えます。

社員食堂でお昼ごはんを食べました。

## J'ai déjeuné à la cantine.

    🔍 カフェテリア　la cafétéria

---

持参のお弁当を食べました。

## J'ai mangé le bento que j'avais apporté.

    ☐ apporter　持ってくる

---

コンビニでお弁当を買いました。

## J'ai acheté un repas à emporter dans une supérette.

    🔍 パスタ　des pâtes
    🔍 カップ麺　des nouilles instantanées en pot
    ☐ repas　食事　　☐ à emporter　持ち帰り用の

---

パン屋さんで食べるものを買いました。

## J'ai acheté de quoi manger dans une boulangerie.

    🔍 スーパーで　au supermarché　　🔍 ファストフードで　au fast-food
    ☐ de quoi + 不定詞　〜するに必要なもの

---

サラダしか食べませんでした。

## Je n'ai mangé qu'une salade.

    🔍 お菓子しか　que des friandises
    🔍 ヨーグルトしか　que du yaourt
    ☐ ne... que 〜　〜しか…でない

ランチタイム　La pause déjeuner

- 名詞の **le déjeuner** は「昼食」ですが，動詞の **déjeuner** は，「昼食を
とる」だけでなく，「朝食をとる」の意味もあります（「朝食」は **le
petit déjeuner** です）。

ついでに　「どこで食べる？」

「お昼，どこで食べる？」
## Où est-ce qu'on mange à midi ?

- **cantine** は，会社・学校・工場の食堂のことを言います。大学の学食は，
**restaurant universitaire**（*m.*）（略して resto U）と言います。
- フランスでは，お弁当を作って持っていくことは一般的ではありませ
んが，最近は日本の **bento**[ベント]（=boîte repas）が知られるように
なって，職場にお弁当を持っていく人も増えているようです。従来は，
ピクニックに行くときなどに，**repas froid**「冷たい［料理の］食事」（ハ
ム・ソーセージ・パテ，パン，サラダなど）や果物を持っていくぐら
いでした。コンビニ弁当のようなものもありませんが，スーパーなど
では，サンドイッチやお寿司セット（ただし日本のものとはずいぶん
違います）などが並んだ，持ち帰り用の軽食コーナーを見かけること
が多くなりました。
- **j'avais apporté** は動詞 **apporter** の大過去形です。「持ってきた」の
は「食べた」よりも時間的に前であることを，大過去形で示します。

ちょっと文法　「大過去形」

〈助動詞(**avoir** または **être**)の半過去形＋過去分詞〉で表します（**avoir**
と **être** の半過去形→ p.47）。どちらの助動詞をとるかは，複合過去形
のときと同じです。

- 日本のコンビニのようなものは，フランスにはありません。**supérette**
と訳しておきましたが，文字通りの意味は「小型のスーパー」です。

お昼はサンドイッチですませました。

## Je me suis contentée* d'un sandwich pour le déjeuner. (*contenté)

- 🔍 おにぎり1個　d'un onigiri
- 🔍 シリアルバー　d'une barre de céréales
- □ **se contenter de ～**　～で満足する・がまんする

---

あまりに仕事が多かったので，パソコンをしながら，おにぎりを食べました。

## J'avais tellement de travail que j'ai mangé des onigiri devant mon ordinateur.

- □ **tellement de... que + 文**　とても多くの…なので～である
- □ **devant ～**　～の前で

---

同僚たちと人気のイタリアンのお店に食べに行きました。

## Je suis allée* manger dans un restaurant italien très prisé avec mes collègues. (*allé)

- □ **aller + 不定詞**　～しに行く

---

クライアントとビジネスランチをとりました。

## J'ai eu un déjeuner d'affaires avec un client.

---

30分しか昼食をとる時間がありませんでした。

## Je n'ai eu qu'une demi-heure pour déjeuner.

- 🔍 15分　un quart d'heure

---

小腹がすいていたので，ドライフルーツをかじりました。

## Comme j'avais un petit creux, j'ai grignoté des fruits secs.

- 🔍 アーモンド　amandes　　🔍 クッキー　gâteaux secs
- 🔍 おせんべい　gâteaux de riz

- フランスのサンドイッチは，バゲット（ふつう半分の長さ）に縦に切れ目を入れて，ハム，チーズ，パテ，サラミ，ツナなどをはさんだものです。

## ちょっと文法　「tellement... que 〜」

「とても…なので〜」という結果表現の使い方を見ておきましょう。

- **tellement + 形容詞・副詞 + que 〜**

  Il était **tellement** ivre **qu'**il est tombé dans l'escalier.

  彼はあまりに酔っていたので，階段で転びました。

- **動詞 + tellement + que 〜**

  Il neige **tellement qu'**il y a des risques d'avalanche.

  雪が非常に降っているので，雪崩の危険があります。

- **tellement de + 名詞 + que 〜**

  J'ai **tellement de** soucis **que** je ne dors pas bien la nuit.

  たくさんの心配事があるので，夜あまりよく眠れません。

## ちょっと文法　「外来語の複数形」

**onigiri** のように，フランス語にない語をそのままローマ字表記で使うときは，複数になっても s はつけません。**sushi** のように，すでにフランス語に入っている語の場合は，s をつけます。ちなみに，**sushi** を含め，**judo**，**kimono**，**tsunami** など，日本語から入った語は，原則として男性名詞です。

- 「仕事」の意味で使われた **travail** は，複数形にはなりません。
- 「クライアント」「取引先」「顧客」は，フランス語ではどれも **client** になります。またこの **client** は，お店・ホテル・タクシーの「客」，医師の「患者」，弁護士の「依頼人」にも使います。

明日までにやるべきことが山ほどありました。

## J'ai eu mille choses à faire pour demain.

□ 名詞 + à faire　するべき〜　　□ pour 〜　〜までに

---

一日中とても忙しかったです。

## J'ai été très occupée* toute la journée. (*occupé)

□ toute la journée　一日中

---

多忙な一日でした。

## J'ai eu une journée bien chargée.

---

くたくたになりました。

## Je suis épuisée*. (*épuisé)

---

**昼食をとる**時間もありませんでした。

## Je n'ai même pas eu le temps de déjeuner.

Q, お昼休みをとる　faire une pause-déjeuner
Q, 休憩をする　faire une pause
Q, コーヒーブレイクする　faire une pause-café

---

残業をしました。

## J'ai fait des heures supplémentaires.

---

夜遅くまで働きました。

## J'ai travaillé jusque tard dans la nuit.

---

終電に乗りそこないました。

## J'ai raté le dernier train.

Q, 終バス　dernier bus

---

タクシーで家に帰りました。

## Je suis rentrée* à la maison en taxi. (*rentré)

## 忙しい一日　Une journée chargée

- **mille** は「1000 の」ですが，「たくさんの」の意味でも使われます。

- **Je n'ai même pas eu le temps...** の **même** は「～でさえ，～すら」という意味の副詞です。**même** には，「同じ」という意味の形容詞もあるので気をつけましょう。

- **heure** は「時間」ですが，「労働時間」という意味もあり，**heures supplémentaires** は「追加の労働時間」ということで，「超過勤務時間」「残業」の意味になります。フランスは現在，法律で週 35 時間労働と規定されていますが，この「週 35 時間労働」をフランス語では **trente-cinq heures** と表現しています。

- 「乗りそこなう」は，**rater** のほかに **manquer** も使えます。

- 「（乗り物）で」と言うときは，**en** を使います。「バスで」なら **en bus** です。「歩いて」は **à pied** と言います。

ついでに 「どうやって帰る？」

「どうやって家に帰ったのですか？」

# Comment êtes-vous rentré(e) à la maison ?

### ちょっと文法 「être を助動詞としてとる動詞」

動詞 **rentrer** は，複合過去形のとき，助動詞として **être** を使います。そのほかの，助動詞として **être** をとる動詞をここでまとめておきましょう。

**aller** 行く　**venir** 来る　**partir** 出発する　**arriver** 到着する

**sortir** 出る　**entrer** 入る　**monter** 乗る　**descendre** 降りる

**revenir** また来る　**rester** とどまる　**devenir** ～になる

**tomber** 落ちる・転ぶ　**naître** 生まれる　**mourir** 死ぬ

今日授業が三つありました。
## J'ai eu trois cours aujourd'hui.

フランス語の授業に遅刻しました。
## Je suis arrivée* en retard au cours de français.
(*arrivé)

英語のテストを受けました。
## J'ai passé un examen d'anglais.

発表の準備のために大学の図書館に行きました。
## Je suis allée* à la bibliothèque universitaire pour préparer mon exposé. (*allé)

    🔍 レポート　compte-rendu　　🔍 卒業論文　mémoire de licence

フランス語で日本の教育制度について発表をしました。
## J'ai fait un exposé en français sur le système éducatif japonais.

留学生との交流会に参加しました。
## J'ai assisté à un échange avec des étudiants étrangers.

フランス人の友人ができました。
## Je me suis fait des amis français.

授業のあと，コンビニでバイトをしました。
## J'ai travaillé dans une supérette après les cours.

    🔍 塾　une école de soutien scolaire　　🔍 レストラン　un restaurant
    🔍 カフェ　un café

## 大学で　À l'université

- cours de ～，examen de ～のあとにくる科目名には，冠詞をつけません。種類を表すからです。

### ちょっと文法　「de ＋無冠詞名詞」

〈de ＋名詞〉が，種類・用途・材料を表すときは，一般にその名詞には冠詞をつけません：un mariage d'amour 恋愛結婚，un sac de voyage 旅行かばん，un cheval de bois 木馬

- passer un examen は「試験を受ける」という意味で，パスするという意味ではありません。「試験にパスする」は réussir [à] un examen と言います。
- la bibliothèque universitaire「大学の図書館」はよく la BU と略されます。
- 「友だちをつくる」「友だちができる」は se faire des amis と表現します。
- 「アルバイト」は petit boulot（m.）または job（m.）と言いますが，「～でアルバイトをする」と言うときは，travailler dans ～を使って表します。

ついでに　「アルバイトは？」

　　「アルバイトをしていますか？」

# Vous avez un petit boulot ?

まっすぐ家に帰りました。
## Je suis rentrée* directement à la maison. (*rentré)

デパートに行きました。
## Je suis allée* dans un grand magasin. (*allé)

> 🔍 最近人気のケーキ屋さん　une pâtisserie branchée
> 🔍 ドラッグストア　une droguerie　　🔍 本屋さん　une librairie

ウィンドーショッピングをしました。
## J'ai fait du lèche-vitrines.

> 🔍 ショッピング　shopping

歯医者さんに行きました。
## Je suis allée* chez le dentiste. (*allé)

> 🔍 エステに　chez l'esthéticienne

マッサージをしてもらいに行きました。
## Je suis allée* me faire masser. (*allé)

> 🔍 ネイルをして　faire les ongles

お惣菜屋さんでお惣菜を買いました。
## J'ai acheté des plats cuisinés chez le traiteur.

> 🔍 デパートのお惣菜売り場（デパ地下）で
> au rayon traiteur d'un grand magasin

## アフターファイブ　Après le travail

- faire du lèche-vitrines, faire du shopping も,〈faire + 部分冠詞 + 名詞〉の言い方（→ p.29）です。

- chez 〜は「〜の家で」という意味ですが, もっと広く「〜の店（やそれに類するもの）で」という意味でも使われます。chez のあとには,「人」を表す名詞がきます。

- me faire masser の元の形は se faire masser です。主語に合わせて se が me になっています。〈se faire + 不定詞〉で,「〜してもらう・〜される」という意味になります。

### ちょっと文法　「代名動詞を不定詞の形で使うとき」

代名動詞は, 不定詞の形で使われるときも, se の部分だけはその行為をする人に合わせて形を変えます。

J'aime me promener. 私は散歩をするのが好きです。

Vous aimez vous promener ? 散歩をするのは好きですか？

Je vais bien réfléchir avant de me décider. 決心する前によく考えます。

- 日本のデパートでは, 一般に地下が食料品売り場になっているので, よく「デパ地下で」を「食料品売り場で」の意味で使いますが, フランスのデパートはそうではないので, 直訳して au sous-sol d'un grand magasin と言っても, 意味するところがフランス人には通じません。

自転車シェアリングのサイクルポートで電動（アシスト）自転車を借りました。

## J'ai loué un vélo (à assistance) électrique dans une station de vélos en libre-service.

大学時代の女友だちと会いました。

## J'ai vu des copines de fac.

🔍 高校時代　lycée　　🔍 中学時代　collège

友人たちと**フレンチ**のレストランで晩ご飯を食べました。

## J'ai dîné dans un restaurant français avec des amis.

🔍 和食の　japonais　　🔍 中華の　chinois
🔍 タイ料理の　thaïlandais

ヨガのレッスンに行きました。

## Je suis allée* à mon cours de yoga. (*allé)

🔍 ピラティスの　de pilates
🔍 アロマテラピーの　d'aromathérapie

合コンに行きました。

## Je suis allée* à une soirée de rencontres pour célibataires. (*allé)

🔍 カラオケに　au karaoké　　🔍 クラブに　en boîte

彼（恋人）に会いました。

## J'ai vu mon petit ami.

彼とちょっと飲みにいきました。

## Je suis allée* prendre un verre avec lui. (*allé)

☐ prendre un verre　一杯やる

私たちはいろいろなことを話しました。

## Nous avons parlé de choses et d'autres.

☐ parler de choses et d'autres　よもやま話をする・あれこれ話す

- パリにもレンタサイクルの **Vélib'**[vélo+ libre の造語] というのがあり、普通の自転車か電動アシスト自転車が選べます。「駐輪ポイント」「サイクルポート」は **station** と言います。
- **louer** は「（お金を払って）借りる」という意味と、「（お金を取って）貸す」の両方の意味を持つ動詞です。文脈でどちらか判断します。お金を払わずに，あるいはお金そのものを「借りる」「貸す」は，**emprunter** ／ **prêter** です。

~~ついでに~~ 「貸し借り」

「彼のスーツケースを借りました」
## J'ai emprunté sa valise.
「千円貸してくれる？」
## Est-ce que tu peux me prêter 1 000 yens ?

- **pilates**「ピラティス」は [ ピラットゥ ] と発音します。
- 「合コン」はフランスにはないので，説明的に訳すしかありません。ここでは「独身者向けの出会いの夕べ」としておきましたが，合コンのタイプによっては，ほかの訳がいいこともあるでしょう。
- **karaoké** は日本語からの外来語ですが，日本語の発音に合わせるため最後の e にアクサン・テギュがつきます。karaté「空手」や saké「酒」も同様です。
- **ami** には，「（単なる）友だち」と「恋人」の両方の意味があります。
  un ami「（男性の）友だち」
  mon petit ami ／ mon ami「私の彼・恋人」
  une amie「（女性の）友だち」
  ma petite amie ／ mon amie「僕の彼女・恋人」
  単なる友だちのときは，日本語では「私の友だち」でも，フランス語では「私の」をつけずに，不定冠詞をつけて言います。また，**ami** (**e**) のくだけた言い方に，**copain** (*m.*), **copine** (*f.*) もありますが，同じように使い分けます。

スーパーで買い物をしました。

**J'ai fait les courses au supermarché.**

---

8時少し前に家に帰りました。

**Je suis rentrée\* à la maison un peu avant huit heures.** (\*rentré)

🔍 過ぎ après

---

レシピ動画を見ながら晩ご飯を作りました。

**J'ai préparé le dîner en suivant la recette en vidéo.**

---

電子レンジで簡単料理を作りました。

**J'ai préparé un plat simple au micro-onde.**

---

冷凍食品を食べました。

**J'ai mangé un plat surgelé.**

🔍 昨日の残り les restes d'hier

---

テレビでニュースを見ました。

**J'ai regardé les informations à la télé.**

🔍 連続ドラマ une série dramatique

🔍 バラエティー番組 une émission de variétés

---

夕食のあと，犬の散歩をしました。

**J'ai promené mon chien après le dîner.**

---

顔のパックをしました。

**Je me suis fait un masque pour le visage.**

---

ゆっくりとお風呂に入りました。

**J'ai pris un bon bain.**

☐ prendre un bain お風呂に入る

---

髪の毛を洗いました。

**Je me suis lavé les cheveux.**

- 「（日常品の）買い物をする」は，**faire des courses** とも **faire ses courses** とも言います。
- テレビの「ニュース」は，**les informations** のほかに **le journal télévisé** とも言います。
- 「ゆっくりとお風呂に入る」は **prendre un bon bain** と訳せます。bon を使っていろいろなニュアンスを表せます：**faire un bon repas**「食事を楽しむ」，**avoir un bon sommeil**「ぐっすり眠る」。

### ちょっと文法　「体の部分を表す名詞が直接目的語のとき」

直接目的語が体の部分を表す名詞のとき，動詞が代名動詞の形をとることがあります。体の部分を表す名詞には定冠詞をつけます。

[比較]

**Je lave la vaisselle.**　私は食器を洗います。

**Je me lave les mains.**　私は手を洗います。

複合過去形にするとき，過去分詞の一致はありません。

**Elle s'est lavé les mains.**　彼女は手を洗いました。

お風呂のあと，少しストレッチをしました。

**J'ai fait un peu de stretching après le bain.**

---

30 回腹筋をしました。

**J'ai fait une série de trente abdominaux.**

---

いろいろなインターネットサイトを見ました。

**J'ai consulté des sites Internet.**

---

インスタグラムを更新しました。

**J'ai renouvelé le contenu de mon compte Instagram.**

---

ツイートを投稿し，興味を引いた投稿をリツイートしました。

**J'ai publié des tweets et retweeté les posts qui m'ont intéressée\*.** (*intéressé)

---

お気に入りのブログを読んで，コメントしました。

**J'ai lu mes blogs préférés et publié des commentaires.**

---

フランス語の授業の復習をしました。

**J'ai révisé mes cours de français.**

　　Q 予習　**préparé**

---

英語の宿題をしました。

**J'ai fait mes devoirs d'anglais.**

---

フランス語で日記を書きました。

**J'ai écrit mon journal en français.**

---

いつものように，寝る前に，彼（恋人）と電話で話しました。

**Comme d'habitude, j'ai parlé avec mon petit ami au téléphone avant de me coucher.**

- **des abdominaux**「腹筋運動」は，話し言葉では **des abdos** と略されます。
- 「インターネット」は固有名詞なので，本来は大文字で書き始め，冠詞もつけないとされてきましたが，最近では，**internet, l'Internet, l'internet** の表記もよく見られます。

ついでに「インターネット」

「よくインターネットを利用しますか？」
### Utilisez-vous souvent Internet ?
「どんなサイトをよく見ますか？」
### Quels sites visitez-vous souvent ?

- 「ツイート」は英語のまま tweet（*m.*）ですが，動詞「ツイートする」は tweeter / twitter [ツウィテ] になります。同様に，「ブログ」は英語と同じ blog（*m.*）ですが，「ブロガー」は blogueur, *-se*（*n.*），「ブログに書く」は bloguer です。「投稿する」には poster も使われます。
- 「～語で」は **en ～** で表します。
- 動詞の使い分けに注意しましょう。**se coucher** は「寝る・就寝する・横になる」，**s'endormir** は「寝つく・寝入る」，**dormir** は「眠る」です。

ついでに「『寝る』と『眠る』」

「昨日は何時に寝ましたか？」「11 時に寝ました」
### Hier, à quelle heure est-ce que vous vous êtes couché(e) ?
### -Je me suis couché(e) à onze heures.
「昨晩は何時間眠りましたか？」「7 時間眠りました」
### La nuit dernière, combien d'heures est-ce que vous avez dormi ?
### -J'ai dormi sept heures.

ハーブティーを飲んでリラックスするのが，寝る前の私のちょっとした儀式です。

# Me détendre en buvant de la tisane, c'est mon petit rituel avant le coucher.

🔍 ホットミルク　du lait chaud

---

ベッドでお気に入りの作家の本を読みました。

# J'ai lu un livre de mon écrivain favori au lit.

---

音楽を聴きながら眠りにつきました。

# Je me suis endormie* en écoutant de la musique.

# (*endormi)

---

ペットの犬と一緒に眠りました。

# J'ai dormi avec mon chien.

🔍 ペットの猫　mon chat

---

12 時頃に寝ました。

# Je me suis couchée* vers minuit. (*couché)

🔍 夜中の１時　une heure du matin

---

とても疲れていたので服を着たままで寝てしまいました。

# J'étais tellement fatiguée* que je me suis couchée* tout habillée*. (*fatigué / *couché / *habillé)

□ tellement... que ＋文　あまりに…なので〜である
□ tout　すっかり
□ habillé(e)　きちんとした服を着ている（パジャマ姿や下着姿でなく）

---

夕食後に飲んだ濃いコーヒーのせいで眠れませんでした。

# Le café corsé que j'ai bu après le dîner m'a empêchée* de dormir. (*empêché)

---

いい夢が見られたらいいな。

# J'espère que je ferai de beaux rêves.

□ faire de beaux rêves　よい夢を見る

- **favori**「お気に入りの」の女性形は **favorite** です。

- 「ペット」は **un animal de compagnie** と言いますが，「ペットの（飼っている）犬」なら，**mon chien**「私の犬」という言い方が自然です。

- 日本語なら「夜中の 1 時」ですが，フランス語では **une heure du matin** と言います。**matin** は，「朝・昼・夜」のうちの「朝」を指すときと，「午前」を指すときがあり，ここで後者で，「午前 1 時」を意味します。

- 〈**empêcher... de + 不定詞**〉は，「…が〜することを妨げる」という意味です。

「empêcher... de + 不定詞」

「風邪のせいで息がしづらいです」

## Mon rhume m'empêche de respirer.

- 〈**espérer que + 文**〉は，「〜であればいいと思う」「〜であろうと希望的に思う」という意味です。

「J'espère que...」

（手紙の冒頭で）「お元気のことと思います」

## J'espère que vous allez bien.

### ちょっと文法 「不定冠詞 des が de になるとき」

**faire de beaux rêves** の **de** は，もとは不定冠詞複数の **des** です。不定冠詞複数 **des** は，〈形容詞＋名詞〉の前では **de** になります。

[比較]

**une jolie fleur → de jolies fleurs**　きれいな花

**une fleur rouge → des fleurs rouges**　赤い花

ただし，「形容詞＋名詞」が一体化して，一種の合成語になっているときは，そのままです。

**des jeunes gens**　若者たち　　**des petits pois**　グリンピース

## オフタイム Le week-end

● 家でゆっくり À la maison

ゆっくり朝寝坊をしました。

**J'ai fait la grasse matinée.**

- - - - - - - - - - - - - - - - - - - - - - - - - - - - - - - - - - - - - - - - - -

お昼までベッドでごろごろしました。

**J'ai paressé dans mon lit jusqu'à midi.**

- - - - - - - - - - - - - - - - - - - - - - - - - - - - - - - - - - - - - - - - - -

二日酔いでした。

**J'avais la gueule de bois.**

☐ avoir la gueule de bois 二日酔いである（くだけた表現）

- - - - - - - - - - - - - - - - - - - - - - - - - - - - - - - - - - - - - - - - - -

パン屋さんで焼きたてのクロワッサンを買いました。

**J'ai acheté à la boulangerie des croissants tout juste sortis du four.**

- - - - - - - - - - - - - - - - - - - - - - - - - - - - - - - - - - - - - - - - - -

ゆっくりブランチをとりました。

**J'ai pris un brunch sans me presser.**

☐ sans 〜 〜なしに ☐ se presser 急ぐ

- - - - - - - - - - - - - - - - - - - - - - - - - - - - - - - - - - - - - - - - - -

ベランダの植物の手入れをしました。

**J'ai pris soin des plantes sur le balcon.**

🔍 観葉植物 plantes vertes 🔍 花 fleurs
☐ prendre soin de 〜 〜を大事にする，世話をする

- - - - - - - - - - - - - - - - - - - - - - - - - - - - - - - - - - - - - - - - - -

洗濯をしました。

**J'ai fait la lessive.**

- - - - - - - - - - - - - - - - - - - - - - - - - - - - - - - - - - - - - - - - - -

掃除機をかけました。

**J'ai passé l'aspirateur.**

- - - - - - - - - - - - - - - - - - - - - - - - - - - - - - - - - - - - - - - - - -

布団を干しました。

**J'ai mis mon futon au soleil.**

☐ mettre 〜 au soleil 〜を太陽にあてる

70

● 家でゆっくり　À la maison

• **faire la grasse matinée** は，「ゆっくりと朝寝をする」という意味で，起きなくてはいけない時間に起きられずにする朝寝坊とは異なります。

• 「～屋さんで」は，〈**à** + 店〉と〈**chez** + 店主〉の言い方があります。

　　**à la boulangerie**　　「パン屋さん（店）で」
　　**chez le boulanger**　　「パン屋さん（店主）のところで」

　ただし，どちらかの語が欠けていて，一方の言い方しかできないものもあります。

**Vocabulaire**　店 ▷ p.90

• 「焼きたてのクロワッサン」は「オーブンから出したばかりの」と訳してみましたが，実はフランスでは，クロワッサンは焼きたての熱い状態で売られていることはありません（バゲットは焼きたてでも売られています）。

ついでに　「家事の表現」

　　家事の一般表現と，その具体的な動作表現をまとめておきましょう。

| | |
|---|---|
| **faire la cuisine** | 料理をする |
| **préparer le dîner** | 夕食を作る |
| **faire les courses** | 買い物をする |
| **acheter du pain** | パンを買う |
| **faire le ménage** | 掃除をする |
| **nettoyer la salle de bain** | 浴室を掃除する |
| **faire la lessive** | 洗濯をする |
| **laver le linge** | 洗濯物を洗う |
| **faire du repassage** | アイロンかけをする |
| **repasser les chemises** | シャツにアイロンをかける |
| **faire la vaisselle** | 食器洗いをする |
| **laver les verres** | グラスを洗う |

第2章　毎日の出来事を書いてみよう

自分の部屋を片付けました。

**J'ai rangé ma chambre.**

---

家事をして午前中を過ごしました。

**J'ai passé la matinée à faire des travaux ménagers.**

> 🔎 一日 la journée

---

今朝，家の近くの公園に走りに行きました。

**Je suis allée\* courir dans le parc du quartier ce matin.** (\*allé)

---

タブレットにダウンロードしておいた映画を見ました。

**J'ai regardé le film que j'avais téléchargé sur ma tablette.**

---

見損ねたテレビドラマを見逃し配信で見ました。

**J'ai regardé en replay la série dramatique que j'avais manquée.**

---

ガトーショコラ（チョコレートケーキ）を作りました。

**J'ai fait un gâteau au chocolat.**

> 🔎 アップルパイ une tarte aux pommes
> 🔎 チーズケーキ une tarte au fromage

---

おいしい紅茶を入れました。

**Je me suis fait un bon thé.**

> ☐ se faire + 名詞 （自分のために）〜を作る

---

ユーチューブで音楽を聴きました。

**J'ai écouté de la musique sur YouTube.**

---

テレビでサッカーの試合を見ました。

**J'ai regardé un match de foot[ball] à la télé.**

> 🔎 野球 baseball　　🔎 バスケットボール basket[-ball]

- **chambre** は，ベッドのある部屋，つまり「寝室」のことをいいます。日本では，布団で寝てベッドがないこともありますが，寝る部屋であれば **chambre** を使って大丈夫です。部屋の種類を考慮せずに，たとえば「3部屋」というときの「部屋」には，**pièce**（*f.*）を使います。

**ついでに** 「部屋数は？」

「この家には部屋がいくつありますか？」

## Combien de pièces y a-t-il dans cette maison ?

**Q** このマンション　**cet appartement**

「3部屋のマンション」

## un appartement de trois pièces

台所・浴室・トイレは pièce の数に含まれません

**Vocabulaire** 住居 ▶ p.91

- 「見逃し配信で」は英語の replay を使った言い方が一般的です。

---

### ちょっと文法　「du thé と un bon thé」

thé「紅茶」は数えられないので，たとえば「紅茶を飲む」ならば **boire du thé** と部分冠詞をつけます。ところが，「おいしいお茶を入れる」では **se faire un bon thé** と不定冠詞がついています。これは，数えられないものでも，形容詞がついたことによって，あり得るいろいろな状態 (ここでは「おいしい」「まずい」「特別な」など) のうちの一つを表したことになるためです。

**Il fait du vent.** 風が吹いています。

**Il fait un vent violent.** 激しい風が吹いています。

**J'ai eu du mal à mémoriser ces vers.**
この詩を暗記するのに苦労しました。

**J'ai eu un mal fou à mémoriser ces vers.**
この詩を暗記するのにものすごく苦労しました。

---

- 「野球」はフランスではあまり一般的なスポーツではありません。

73

ガーデニングをしました。

**J'ai fait du jardinage.**

---

ファッション雑誌をパラパラと拾い読みしました。

**J'ai feuilleté un magazine de mode.**

    🔍 グルメガイド　un guide gastronomique

---

推理小説を読みました。

**J'ai lu un roman policier.**

    🔍 恋愛小説　un roman d'amour
    🔍 マンガ　une bande dessinée / un manga

---

インターネットで化粧品を買いました。

**J'ai acheté des produits de maquillage sur Internet.**

---

今話題になっている本を買いました。

**J'ai acheté un livre dont on parle beaucoup en ce moment.**

    ☐ en ce moment　今

---

試験のために一日中勉強しました。

**J'ai travaillé pour les examens toute la journée.**

---

読書をして一日を過ごしました。

**J'ai passé la journée à lire.**

    🔍 試験勉強をして préparer mes examens　🔍 何もしないで ne rien faire

---

ソファーでお昼寝をしました。

**J'ai fait la sieste sur le canapé.**

---

好きな歌手（男性）の歌を聴いて疲れを癒しました。

**Je me suis délassée\* en écoutant les chansons de mon chanteur préféré. (\*délassé)**

    🔍 好きな歌手（女性）　ma chanteuse préférée

- 一般に「マンガ」は，**bande dessinée**（略．BD）（*f.*）と言いますが，日本のマンガのことは，**manga**（*m.*）と言います。本当に数多くの日本のマンガがフランス語に訳されています。

- 「話題になっている本」はこのほかに，

    **un livre qui fait beaucoup parler de lui**（lui は livre のことを指しているため，名詞に合わせて変化する）

    **un livre qui défraie la chronique**

    と表現することもできます。

第2章

毎日の出来事を書いてみよう

---

### ちょっと文法 「関係代名詞 dont」

**un livre dont on parle beaucoup** の **dont** は関係代名詞です。

  **On parle beaucoup d'un livre.**

  → **Un livre dont on parle beaucoup**

「ある本のことを人々が話題にしています」

  → 「人々が話題にしているある本」

  （parler de ～ 「～について話す」）

---

### ちょっと文法 「不定詞の否定形」

フランス語では，活用した動詞を **ne... pas**（**jammais, plus, rien, personne** など）ではさんで否定文を作りますが，不定詞を否定するときは，はさまずに並べて置きます。

  **Je me suis dépêché(e) pour ne pas rater mon train.**

  私は列車に乗り遅れないように，急ぎました

  **J'ai passé la journée à ne rien faire.**

  私は何もしないで一日を過ごしました

---

ついでに 「好きな歌手は？」

  「好きな歌手は誰ですか？」

# Quel est votre chanteur préféré ?

答えが女性の歌手であってもかまいません

● 外出する　Sortir

妹と**映画**に行きました。

# Je suis allée* au cinéma avec ma sœur. (*allé)

🔍 お芝居　théâtre　🔍 コンサート　concert

上野へモネ展を見に行きました。

# Je suis allée* voir l'Exposition Monet à Ueno.(*allé)

彼（恋人）とドライブをしました。

# J'ai fait une balade en voiture avec mon petit ami.

2年ぶりに咲子に会いました。

# J'ai vu Sakiko pour la première fois depuis deux ans.

姪を動物園に連れて行ってあげました。

# J'ai emmené ma nièce au zoo.

ラグビー観戦に行きました。

# Je suis allée* voir un match de rugby. (*allé)

彼（恋人）と釣りに行きました。

# Je suis allée* à la pêche avec mon petit ami. (*allé)

私たちは2時間で10匹魚を釣りました。

# Nous avons pêché dix poissons en deux heures.

ブティック巡りをしました。

# J'ai fait la tournée des boutiques.

□ faire la tournée de 〜　〜巡りをする

バーゲンに行きました。

# Je suis allée* faire les soldes. (*allé)

● 外出する　Sortir

- フランス語には，「ドライブ」にあたる一語がありません。**balade (promenade) en voiture**「車での散歩」という言い方をします。
- 「〜ぶりに」というのは，**pour la première fois depuis 〜**で表現します。
- **pêche**（*f.*）には，「釣り」と「桃」の意味があるので，気をつけましょう。語源的には違うものなので，辞書では別見出しになっています。
- **en deux heures** は「2時間で」という意味です。**en + 時間**で所要時間を表す言い方になります。

 『80 日間世界一周』

## *Le Tour du monde en quatre-vingts jours*

『80 日間世界一周』

Jules Verne ジュール・ヴェルヌの小説の題名。直訳は「80 日間で世界を一周」

 「ツアー」

「この歌手は来年ヨーロッパツアーに出発します」

## Ce chanteur part en tournée en Europe l'année prochaine.

 「バーゲンで」

「私はこのコートをバーゲンで買いました」

## J'ai acheté ce manteau en solde.

「たいしたものが見つかりませんでした」

## Je n'ai pas trouvé grand-chose.

テニスをしました。
**J'ai fait du tennis.**

> 🔎 サイクリング **du vélo** 🔎 ウォーキング **de la marche**

---

フィットネスクラブに行きました。
**Je suis allée\* au centre de remise en forme.** (\*allé)

---

公園を散歩しました。
**Je me suis promenée\* dans le parc.** (\*promené)

> 🔎 浜辺を **sur la plage** 🔎 森を **en forêt**

---

本を何冊か借りに市立（区立）図書館に行きました。
**Je suis allée\* emprunter des livres à la bibliothèque municipale.** (\*allé)

---

母の誕生日プレゼントを買いに行きました。
**Je suis allée\* acheter un cadeau d'anniversaire pour ma mère.** (\*allé)

---

髪の毛をカットしてもらいました。
**Je me suis fait couper les cheveux.**

> 🔎 カラーリングして **faire une couleur**
> 🔎 スタイリングをして **faire un brushing**
> 🔎 パーマをかけて **faire une permanente**

---

お花（華道）のお稽古に行きました。
**Je suis allée\* prendre un cours d'art floral japonais.** (\*allé)

> 🔎 お茶（茶道）の **de cérémonie du thé**

---

女友だちの結婚式に招かれました。
**J'ai été invitée\* au mariage d'une amie.** (\*invité)

---

病院に友人のお見舞いに行きました。
**Je suis allée\* voir un(e) ami(e) à l'hôpital.** (\*allé)

- **Je me suis fait** は **se faire** の複合過去形です。〈**se faire ＋不定詞**〉という形で「〜してもらう」という意味になります。

第2章　毎日の出来事を書いてみよう

### ちょっと文法 「se faire + 不定詞」

〈**se faire + 不定詞**〉には，「〜してもらう」の意味と，「〜される」の意味があり，文脈で判断します。

**Je me suis fait examiner par le médecin.**
医師に検査してもらいました

**Je me suis fait voler mon passeport.**
パスポートを盗まれました

この se faire は，複合過去形など複合時制での過去分詞の一致はありません。

**Elle s'est fait renverser par une voiture.**
彼女は車にはねられました

- 「華道」のフランス語訳はいくつかあるようですが，ここでは **art floral japonais** と訳しておきました。「茶道」のほうは，**cérémonie du thé** が広く使われています。
- **boutique** は，広く「（小売の）店」を指す語ですが（**la boutique du fleuriste**「お花屋さん」），さらに，「ブランド既製服を売る店」という意味で使われることがあり，こちらが日本語に入って「ブティック」となりました。

● 家に招く　Inviter

友人たちを家に夕食に招きました。

## J'ai invité des amis à dîner à la maison.

----

私の家でちょっとしたパーティーをしました。

## On a fait une petite fête chez moi.

    🔍 持ち寄りパーティー　un repas partagé

----

リビングのあちこちにお花を飾りました。

## J'ai mis des fleurs partout dans la salle de séjour.

----

夕食にカレーを作りました。

## J'ai préparé du riz au curry pour le dîner.

    🔍 鶏の赤ワイン煮　du coq au vin　　🔍 パスタ　des pâtes

----

友人がワインを一瓶持ってきてくれました。

## Un(e) ami(e) a apporté une bouteille de vin.

    🔍 花束を　un bouquet de fleurs　　🔍 ケーキを　des gâteaux

----

みんなの健康を祝って乾杯しました。

## Nous avons bu à notre santé.

    □ **boire à la santé de 〜**　〜の健康を祝って乾杯する

----

夕食のあと，私たちはテレビゲームをしました。

## Nous avons joué à des jeux vidéo après le dîner.

    🔍 トランプ　aux cartes
    🔍 ボードゲーム　à des jeux de société

----

私たちはおおいにしゃべり，おおいに笑いました。

## Nous avons beaucoup bavardé et beaucoup ri.

----

私たちはとても楽しい夕べを過ごしました。

## Nous avons passé une soirée très agréable.

----

彼女たちは泊まっていきました。

## Elles sont restées dormir.

● 家に招く　Inviter

- 「乾杯！」は，一番簡単には **Santé !** と言います。そのほか，**À votre santé !**，**À la vôtre !**「あなたの健康を祝して！」，**À notre santé !**「私たちの健康を祝して！」などと言います。

---

<u>ついでに</u>「乾杯しよう」

「私たちの再会に乾杯しましょう！」

## Trinquons à nos retrouvailles !

---

### ちょっと文法　「très / beaucoup / bien」

| | |
|---|---|
| très | 「とても」「非常に」という意味で，形容詞や副詞の前に置かれます。 |
| beaucoup | 「おおいに」「たくさん」という意味で，動詞を修飾し，量にポイントがあります。 |
| bien | 「よく」「十分に」「しっかりと」「ちゃんと」という意味で，動詞を修飾し，質（ときに質量とも）にポイントがあります（bien にはそれ以外の用法もありますが，ここでは触れません）。 |

**Je suis très occupé(e).**　私はとても忙しい。

**J'ai beaucoup mangé.**　私はたくさん食べました。

**J'ai bien mangé.**　私はおいしく食べました。

**J'ai bien dormi.**　私はよく眠りました。

**beaucoup** も **bien** も，現在形では動詞の直後に，複合過去形では助動詞と過去分詞の間に置かれます。

---

- **rester ＋不定詞**は「残って～する」という意味です。また **dormir** は「眠る」ですが，「泊まる」と訳したほうがよいケースもあります。

---

<u>ついでに</u>「残って～する」

「私たちと一緒に晩ご飯を食べていってよ」

## Reste dîner avec nous.

● 一日のまとめ　Résumé de la journée

一日中よく楽しみました。

**Je me suis bien amusée\* toute la journée.** (\*amusé)

> 🔍 休み　reposée\* (\*reposé)

---

よいお天気を十分に活用しました。

**J'ai bien profité du beau temps.**

---

一日中家でごろごろしました。

**J'ai paressé chez moi toute la journée.**

---

一日中家に閉じこもっていました。

**Je suis restée\* enfermée\* chez moi toute la journée.** (\*resté / \*enfermé)

---

このおかげで気分転換ができました。

**Ça m'a permis de me changer les idées.**

---

しっかり充電できました。

**J'ai bien rechargé mes batteries.**

---

リフレッシュすることができました。

**J'ai pu me rafraîchir l'esprit.**

---

ぐっすり眠りました。

**J'ai dormi profondément.**

---

元気にまた仕事ができます。

**Je suis en forme pour reprendre le travail.**

> □ **être en forme**　元気である
> □ **reprendre**　再開する

● 一日のまとめ　Résumé de la journée

・〈**permettre à... de + 不定詞**〉は「…が〜することを可能にする」という構文で，「（「主語」のおかげで）…は〜することができる」という意味になります。ça のかわりに具体的な名詞を入れて使うこともできます。

・「ぐっすり眠る」には，**dormir comme un loir**「オオヤマネのように眠る」，**dormir comme une souche**「切り株のように（まったく動かずに）眠る」という面白い比喩表現もあります。

ついでに　「ちょっとしたほめ言葉」

友人の家に招かれたときの，ちょっとしたほめ言葉を見ておきましょう。
「あなたのおうち，すてきね!」

## Que c'est joli, chez toi !

「あなたのおうち，居心地がいいわ!」

## On se sent bien, chez toi !

「いいにおい!」

## Ça sent bon !

「おいしそう!」

## Ça a l'air bon !

「とってもおいしい!」

## C'est délicieux !

「とっても楽しかった!」

## C'était très sympa !

「とっても楽しい夕べだったわ」

## J'ai passé une très bonne soirée.

初詣に行き，健康と幸せを願って祈りました。

# J'ai fait la première visite de l'année au sanctuaire et j'ai fait des vœux de santé et de bonheur.

□ faire des vœux de ～　～の願いごとをする

---

家族と雪祭りに行きました。

# Je suis allée* à un Festival des neiges avec ma famille. (*allé)

---

今日はバレンタインデーでした。男性同僚たちにチョコレートをあげました。

# C'était (le jour de) la Saint-Valentin aujourd'hui. J'ai offert des chocolats à mes collègues masculins.

---

A 大学に入学しました。

# Je suis entrée* à l'Université A. (*entré)

🔍 専門学校に　dans une école d'enseignement professionnel

---

同僚たちとお花見に行きました。

# Je suis allée* admirer les cerisiers en fleurs avec mes collègues. (*allé)

□ admirer　（感嘆の気持ちで）眺める　　□ les cerisiers　桜の木
□ en fleurs　花の咲いた

---

満開の桜の木の下で，食べたり飲んだりしました。

# Nous avons mangé et bu sous les cerisiers en pleine floraison.

□ floraison　開花

## 季節のできごと　Les événements relatifs aux saisons

- **sanctuaire** は，どんな宗教であっても，宗教儀式が行われる建物全般に対して使える語です。

- Saint-Valentin「聖バレンタイン」は男性ですが、**la Saint-Valentin** と女性名詞になっているのは la fête de Saint Valentin「聖バレンタインのお祭り」の意味だからです。

### ついでに　「義理チョコ」

「同僚たちに義理チョコをあげました」

## J'ai offert des chocolats à mes collègues par obligation.

直訳すると「義理としてチョコレートをあげました」

- フランスでは，バレンタインデーには，男性からも女性からも，カードやちょっとしたプレゼントを贈ります。

- フランスにはお花見の習慣はありません。桜の木はフランスにもあり，畑や庭に植わっているのも見かけますが，日本のものとは違って実のなる種類です。日本の桜の木も，公園や郊外の道沿いで見かけることがあります。

- また，フランス語には，「桜（の花）」にあたる単語はありません。そのため，「花の咲いた桜の木」のような言い方をしています。

### ちょっと文法「en plein(e) ＋名詞」

**en plein(e) ＋名詞**は「～のただ中に」という意味です。plein は形容詞なので名詞と一致させます。名詞には冠詞はつけません。

| | |
|---|---|
| **en plein hiver** | 真冬に |
| **en pleine nuit** | 真夜中に |
| **en plein air** | 戸外で |
| **en pleine mer** | 沖合で |

川のほとりで兄の家族と一緒にバーベキューをしました。

**J'ai fait un barbecue au bord d'une rivière avec mon frère et sa famille.**

□ au bord de 〜　〜のほとりで

---

浴衣を着て花火大会に行きました。

**Je suis allée\* à un feu d'artifice vêtue\* d'un yukata (kimono en coton).** (\*allé / \*vêtu)

□ feu d'artifice　花火・花火大会　　□ vêtu(e) de 〜　〜を着ている

---

友人たちと海水浴に行きました。

**Je suis allée\* prendre un bain de mer avec des amis.** (\*allé)

---

母と紅葉を見に出かけました。素晴らしかったです。

**Je suis partie\* avec ma mère admirer les feuillages aux couleurs d'automne. C'était magnifique.** (\*parti)

□ partir + 不定詞　〜しに出かける

---

今日は11月第3木曜日でした。和気あいあいとした雰囲気で、
友だちとボジョレー・ヌーヴォーを味わいました。

**C'était le troisième jeudi de novembre aujourd'hui. Mes amis et moi avons goûté le beaujolais nouveau dans une atmosphère conviviale.**

□ convivial(e)　和気あいあいとした，うちとけた，居心地のよい

---

クリスマスイヴに彼（恋人）と私は，
港の夜景のきれいなレストランへディナーに行きました。

**La veille de Noël, mon petit ami et moi sommes allés dîner dans un restaurant offrant une belle vue de nuit sur le port.**

□ vue sur 〜　〜の眺め

• フランスでは，花火はイベントにつきものですが，必ずしも夏の風物詩ではありません。ついでに言うと，花火の質は，日本のほうが上です。

ついでに 「〜色の服」

「彼女は白い服を着ています」

## Elle est vêtue de blanc.

• **bain** は「入浴」だけでなく「水浴」も表します。
• 「紅葉」については→ p.95。
• ボジョレー・ヌーヴォーは，ブルゴーニュ地方南部のボジョレーでその年に採れたブドウから作られる赤ワインの新酒のことです。11月の第3木曜日の午前0時に一般への販売が解禁されます（日本は時差のため，フランスより8時間早く解禁の時を迎えることになります）。解禁になると，ビストロなどでは，**Le Beaujolais nouveau est arrivé !**「ボジョレー・ヌーヴォーが到着しました」という張り紙が出され，フランスの秋の風物詩の一つになっています。このボジョレー・ヌーヴォー，日本でも広く知られるようになっていますね。
• **... un restaurant offrant...** の **offrant** は動詞 **offrir**「呈する」の現在分詞です。**qui offre** と言いかえることができます。

### ちょっと文法 「現在分詞」

現在分詞はふつう書き言葉でしか使われません。形は p.43 のジェロンディフのところを参照してください。用法はいくつかありますが，その一つが「名詞を修飾する」というもので，関係代名詞 **qui** を使って言いかえられます（**qui** については→ p.95）。

**une vendeuse parlant anglais** 英語を話す店員

（= une vendeuse qui parle anglais）

## 🚲 語彙 Vocabulaire

### 乗物　moyens de transport

| | | |
|---|---|---|
| 車 | voiture（*f.*） | ヴォワテューる |
| 自転車 | vélo（*m.*） | ヴェロ |
| タクシー | taxi（*m.*） | タクスィ |
| 地下鉄 | métro（*m.*） | メトろ |
| 電車・列車 | train（*m.*） | トらン |
| バス | [auto]bus（*m.*） | [オト] ビュス |
| 飛行機 | avion（*m.*） | アヴィヨン |
| 船 | bateau（*m.*） | バト |
| 路面電車 ( トラム ) | tram（*m.*） | トらム |

### 衣服　vêtements

| | | |
|---|---|---|
| アンサンブル | ensemble（*m.*） | アンサンブル |
| カーディガン | cardigan（*m.*） | カるディガン |
| コート | manteau（*m.*） | マント |
| ジャケット | veste（*f.*） | ヴェストゥ |
| ジーンズ | jean（*m.*） | ジーン |
| スカート | jupe（*f.*） | ジュップ |
| スーツ | tailleur（*m.*） | タイユーる |
| セーター | pull（*m.*） | ピュル |
| Tシャツ | T-shirt（*m.*） | ティ・シューるトゥ |
| パジャマ | pyjama（*m.*） | ピジャマ |
| パンツ | pantalon（*m.*） | パンタロン |
| ブラウス | chemisier（*m.*） | シュミズィエ |
| ベスト | gilet（*m.*） | ジレ |
| レインコート | imperméable（*m.*） | アンぺるメアーブル |
| ワンピース | robe（*f.*） | ろーブ |

## 靴　chaussures

| サンダル | sandales（f.pl.） | サンダル |
|---|---|---|
| スポーツシューズ | chaussures de sport（f.pl.） | ショスューる・ドゥ・スポーる |
| ハイヒール | chaussures à talons hauts（f.pl.） | ショスューる・ア・タロン・オ |
| パンプス | escarpins（m.pl.） | エスカるパン |
| ブーツ | bottes（f.pl.） | ボットゥ |
| ローヒール | chaussures à talons plats（f.pl.） | ショスューる・ア・タロン・プラ |

## 小物　accessoires

| 腕時計 | montre（f.） | モントる |
|---|---|---|
| 傘 | parapluie（m.） | ぱらプリュイ |
| コンタクトレンズ | lentilles［de contact］（f.pl.） | ランティーユ［・ドゥ・コンタクトゥ］ |
| 財布 | portefeuille（m.） | ポるトフイユ |
| サングラス | lunettes de soleil（f.pl.） | リュネットゥ・ドゥ・ソレイユ |
| 書類かばん | serviette（f.） | セるヴィエットゥ |
| スカーフ | foulard（m.） | フラーる |
| ストール | étole（f.） | エトール |
| 手袋 | gants（m.pl.） | ガン |
| トートバッグ | cabas（m.） | カバ |
| ハンカチ | mouchoir（m.） | ムショワーる |
| ハンドバッグ | sac à main（m.） | サッ・カ・マン |
| ベルト | ceinture（f.） | サンテューる |
| 帽子 | chapeau（m.） | シャポ |
| マフラー | écharpe（f.） | エシャるプ |
| メガネ | lunettes（f.pl.） | リュネットゥ |

## 装身具　bijoux

| イアリング | boucles d'oreille （clip）（*f.pl.*） | ブークル・どれィユ（クリップ） |
| --- | --- | --- |
| 結婚指輪 | alliance（*f.*） | アリアンス |
| ネックレス | collier（*m.*） | コリエ |
| ピアス | boucles d'oreille<br>（pour oreilles percées）（*f.pl.*） | ブークル・どれィユ<br>（プール・オれイユ・べるセ） |
| ブレスレット | bracelet（*m.*） | ブらスレ |
| ブローチ | broche（*f.*） | ブろッシュ |
| ペンダント | pendentif（*m.*） | パンダンティフ |
| 指輪 | bague（*f.*） | バーグ |

## 店　commerces

| | 店 / 店主 | |
| --- | --- | --- |
| 魚屋さん | poissonnerie（*f.*）/ poissonni*er,-ère* | ポワソヌり / ポワソニエ,<br>ポワソニエーる |
| お菓子屋さん | pâtisserie（*f.*）/ pâtissi*er,-ère* | パティスり / パティスィエ,<br>パティスィエーる |
| 靴屋さん | magasin de chaussures（*m.*）/ —— | マガザン・どゥ・ショスューる |
| クリーニング店 | pressing（*m.*）/ —— | プれスィング |
| 肉屋さん | boucherie（*f.*）/ bouch*er,-ère* | ブシュり / ブシェ, ブシェーる |
| 花屋さん | —— / fleuriste | フルりストゥ |
| パン屋さん | boulangerie（*f.*）/ boulang*er,-ère* | ブランジュり / ブランジェ,<br>ブランジェーる |
| 文房具店 | papeterie（*f.*）/ —— | パプトゥり |
| 本屋さん | librairie（*f.*）/ libraire | リブれり / リブれーる |
| 八百屋さん | —— / marchand de fruits et légumes | まるシャン・どゥ・フりュイ・<br>エ・レギュム |
| 薬局 | pharmacie（*f.*）/ pharmacien(ne) | ふぁるマスィ / ふぁるマスィ<br>アン, ふぁるマスィエヌ |

90

## 役職　fonctions

| 社長 | président-directeur général (P.-D.G) (*m.*) | プレズィダン・ディれクトゥーる・ジェネらル |
|---|---|---|
| 部長 | directeur (*m.*) | ディれクトゥーる |
| 課長 | chef de service (*m.*) | シェフ・ドゥ・せるヴィス |
| 係長 | chef de section (*m.*) | シェフ・ドゥ・セクスィオン |
| 上司 | supérieur (*m.*) / supérieure (*f.*) | スュペりウーる |
| 部下 | subordonné (*m.*) / subordonnée (*f.*) | スュボるドネ |

## 住居　logement

| 応接間 | salon (*m.*) | サロン |
|---|---|---|
| 玄関 | entrée (*f.*) | アントれ |
| 寝室 | chambre (*f.*) | シャンブる |
| キッチン | cuisine (*f.*) | キュイズィヌ |
| ダイニング | salle à manger (*f.*) | サ・ラ・マンジェ |
| トイレ | toilettes (*f.pl.*) | トワレットゥ |
| 屋根裏部屋 | grenier (*m.*) | グるニエ |
| 浴室 | salle de bains (*f.*) | サル・ドゥ・バン |
| リビング | salle de séjour (*f.*) | サル・ドゥ・セジューる |
| 廊下 | couloir (*m.*) | クロワーる |
| ワンルームマンション | studio (*m.*) | ステュディオ |

## Colonne 2

**メールの例**
日本に住んでいるフランス人の友人が休暇でフランスに帰ります。
ひとことメールを送りましょう。

-------------------------------------------------------------------

Chère Juliette,

Tu vas bien ?
Tu es bien rentrée après la soirée de l'autre jour ?
C'était très sympa !
Mais j'avais trop bu, alors j'espère que je n'ai pas
raconté trop de bêtises !
Je te souhaite de bonnes vacances en France.

À bientôt !
Amitiés,

Rika

-------------------------------------------------------------------

親愛なるジュリエット

元気？
この間のパーティーのあと無事に帰った？　とっても楽しかったわね！
でも，私，飲みすぎていたから，あまりバカなことを話していない
といいのだけれど！
フランスでいい休暇を過ごしてね。

じゃあまた！

リカ

第**3**章

思い出になる出来事を
書いてみよう

## 書きとめておきたい思い出になる出来事を 書いてみましょう。

**自然　La nature**

朝起きたら，小鳥のさえずりが聞こえました。

**J'ai entendu les oiseaux chanter en me réveillant le matin.**

---

早朝の新鮮な空気を吸って，気分がよかったです。

**Ça m'a fait du bien de respirer l'air frais du petit matin.**

- □ ça fait du bien à... de + 不定詞　〜することは…によい効果をもたらす
- □ petit matin　早朝

---

電車から**若葉**が見えました。とてもきれいでした。

**De mon train, j'ai vu les feuillages naissants. C'était très beau.**

- 桜の花　les fleurs de cerisiers
- アジサイの花　les hortensias
- 紅葉　les feuillages aux couleurs d'automne
- □ de 〜　〜から

---

セミの鳴き声が聞かれるようになりました。

**On commence à entendre le chant des cigales.**

- 虫の声　le chant des grillons
- □ commencer à + 不定詞　〜し始める

---

川の上を飛んでいた**トンボ**を見つけました。

**J'ai aperçu des libellules qui volaient au-dessus de la rivière.**

- ホタル　des vers luisants
- □ au-dessus de 〜　〜の上方で　□ aperçu　apercevoir の過去分詞

• **en me réveillant** は **se réveiller** のジェロンディフです（→ p.43）

## ちょっと文法　「知覚動詞の構文」

知覚動詞（見える，聞こえる，感じるなど）の構文を見ておきましょう。

| | |
|---|---|
| **voir** | 見える |
| **regarder** | 見る |
| **entendre** + ... + 不定詞　…が〜するのが（を） | 聞こえる |
| **écouter** | 聞く |
| **sentir** | 感じる |

不定詞が自動詞のときは，先に置かれることもあります。

• 「紅葉」は，les feuilles jaunies ou rougies「黄色くなったり紅くなったりした葉」と直訳できそうですが，動詞形 jaunir, rougir とは違って，過去分詞に由来する形容詞形 jauni と rougi は，どちらもマイナスのイメージを持っています。例えば，feuille jaunie は「（病気になったり枯れたりして）黄色くなった葉」を, feuille de papier jaunie は「黄ばんだ紙」を，visage rougi par le froid は「寒さによる赤ら顔」を意味します。そのため，「秋色になった葉」と，ほんの少しですが紅葉の美しさが感じられる訳にしてみました。

• フランスでは, セミは, 地中海沿岸地方にしかいません。「夏」よりも「南仏」を思わせるもので，日本人がセミと結び付けているイメージと少し違います。

## ちょっと文法　「関係代名詞 qui」

**des libellules qui volaient** の **qui** は関係代名詞です。

**Des libellules volaient.**　→　**Des libellules qui volaient**
トンボが飛んでいた。　　　　　　飛んでいたトンボ

第3章
思い出になる出来事を書いてみよう

空は澄んで青く，雲一つありませんでした。

**Le ciel était pur et bleu. Il n'y avait pas un nuage.**

□ ne... pas un(e) 〜　一つの〜も…でない

---

オフィスの窓からきれいな夕日が見えました。

**De la fenêtre de mon bureau, j'ai vu un beau coucher de soleil.**

Ｑ 富士山　le mont Fuji

---

星が夏の夜にきらめいていました。

**Les étoiles scintillaient dans la nuit d'été.**

Ｑ 冬の　d'hiver

---

雪が一晩で景色をすっかり変えてしまいました。

**La neige a totalement transformé le paysage en une nuit.**

---

皆既日食を見ました。ドラマチックな現象でした。

**J'ai vu une éclipse totale de soleil. C'était un phénomène spectaculaire.**

Ｑ 部分　partielle　　Ｑ 金環　annulaire

---

一日中素晴らしい天気でした。

**Le temps a été splendide toute la journée.**

Ｑ ひどい　affreux　　Ｑ 変わりやすい　capricieux

□ temps　天気

---

素晴らしい景色でした。

**C'était un paysage magnifique.**

Ｑ 印象深い　impressionnant　　Ｑ 壮大な　grandiose

Ｑ 絵になる　pittoresque　　Ｑ 幻想的な　féerique

- 「山」は **montagne**（*f.*）ですが、「〜山」は **le mont 〜** と表現します。
- 「日食」は **éclipse de soleil** のほか、**éclipse solaire** とも言います。「月食」のほうは **éclipse de lune** または **éclipse lunaire** です。

ついでに ⌒「天候の表現」

非人称の il を使った天候の表現をまとめておきましょう。

### Il fait + 形容詞

| | | |
|---|---|---|
| **Il fait beau.** | 天気がいい。 | |
| **mauvais.** | 天気が悪い。 | |
| **gris** | 曇っている。 | |
| **chaud.** | 暑い。 | |
| **frais.** | 涼しい。 | |
| **froid.** | 寒い。 | |
| **humide.** | 湿気が多い。 | |

### 非人称動詞

| | |
|---|---|
| **Il pleut.** | 雨が降る。 |
| **neige.** | 雪が降る。 |

### Il y a + 名詞

| | |
|---|---|
| **Il y a du vent.** | 風がある。 |
| **du soleil.** | 日が照っている。 |
| **du brouillard.** | 霧が出ている。 |

### Il fait + 名詞

| | |
|---|---|
| **Il fait jour.** | 夜が明ける。 |
| **nuit.** | 夜になる。 |
| **15°.** | 15℃である。 |
| **un temps splendide.** | 素晴らしい天気である。 |
| **une chaleur torride.** | 猛暑である。 |

生まれて初めてエスカルゴを食べました。

## J'ai mangé des escargots pour la première fois de ma vie.

渋谷で俳優の T.K. に会いました。

## J'ai rencontré l'acteur T.K. à Shibuya.

> 🔍 女優 l'actrice 🔍 歌手（男性） le chanteur
> 🔍 歌手（女性） la chanteuse

宝くじで1万円当たりました。

## J'ai gagné 10 000 yens à la loterie.

仏検の準2級に合格しました。

## J'ai réussi les épreuves de niveau 2 bis du « Futsuken ».

> ☐ épreuve 試験

仏作文で優を取りました。

## J'ai obtenu la mention très bien en thème de français.

> 🔍 良 bien 🔍 良の下 assez bien 🔍 可 passable

3連休の週末を利用して，女友だちと香港に行きました。

## J'ai profité d'un week-end de trois jours pour aller à Hong-Kong avec une amie.

> ☐ profiter de... pour + 不定詞 …を利用して〜する

夜軽く食べることによって体重が3キロ減りました。

## J'ai perdu 3 kilos en mangeant léger le soir.

> 🔍 バランスよく équilibré
> ☐ manger + 形容詞 〜な食事をする

---

**出来事　Les événements**

- 「試験」にあたるフランス語はいくつかあります。使い分けに注意しましょう：**examen**（*m.*）「一定の点数を取れば合格する試験（学校の期末試験など）」, **concours**（*m.*）「合格者数がはじめから定められている選抜試験（大学の入学試験など）」, **épreuve**（*f.*）「**examen**, **concours** を構成する各種の試験（筆記試験や口述試験など）」。

- **bis** は，番地・番号・条項などで「…の2」を表す語です。仏検では，「準」をこの **bis** で表現しています。

**ついでに**　「番地の bis」

フランスの住所はシンプルで，町（都市）名のほかは，ふつう「〜通り〜番地」だけです。一つの建物に一つの番地が割り当てられていますが，一つの建物を二つの建物に建て替えたときは，「〜番地」と「〜番地の2」になります。三つの建物になったときの「〜番地の3」は **ter** です。

「彼は駅前通り14番地の2に住んでいます」

## Il habite au 14 bis rue de la Gare.

- 仏検（実用フランス語技能検定）のフランス語での名称は **Diplôme d'Aptitude Pratique au Français** です。
- フランスの成績評価は，左ページの4段階のほか，20点満点中何点，という評価もあります。フランスでは，試験は20点満点です。

**ついでに**　「試験の点数」

「彼女は教育学で20点満点中14点を取りました」

## Elle a eu 14 sur 20 en pédagogie.

**ついでに**　「体重の増減」

体重が**減り**ました。

## J'ai perdu du poids.

🔎 増え　**pris**

99

もっと広いマンションに引越しました。

**J'ai emménagé dans un appartement plus grand.**

> **Q** もっと快適な　plus confortable　　**Q** 新築の　tout neuf
> **Q** 日当たりのよい　ensoleillé

---

昇進しました。

**J'ai obtenu une promotion.**

> **Q** 昇給　une augmentation

---

電車の中でお財布を盗られました。

**Je me suis fait voler mon portefeuille dans le train.**

---

バカンス中に空き巣に入られました。

**J'ai été cambriolée\* pendant les vacances.**

**(\*cambriolé)**

---

兄が結婚しました。

**Mon frère s'est marié.**

> **Q** 姉　Ma sœur / mariée

---

姉が男の子を産んで，私はおばさんになりました。

**Ma sœur a accouché d'un garçon, et je suis devenue\* tante\*.** (\*devenu/\*oncle)

> **Q** 女の子　une fille

---

母が手術を受けました。

**Ma mère s'est fait opérer.**

---

祖父が90歳で亡くなりました。

**Mon grand-père est décédé à l'âge de quatre-vingt-dix ans.**

> □ à l'âge de ～　～歳で

---

そんなことは私に起こるはずがないと思っていました。

**Je me disais que ça ne pouvait pas m'arriver.**

- 「引越しする」にあたるフランス語には，**déménager** と **emménager** がありますが，**déménager** は「（今の住まいを出て，よそへ）引っ越す」，**emménager** は「（新居に）引っ越して入居する」という意味です。
- **appartement** は，一世帯の居住空間としての「マンション」です。建物全体を指す「マンション」には，**immeuble**（*m.*）を使います。「ワンルームマンション」は **studio**（*m.*）と言います。

第3章 思い出になる出来事を書いてみよう

### ちょっと文法 「un appartement plus grand」

ふつう名詞の前に置かれる形容詞（**grand, petit** など）でも，比較級や最上級になると，名詞のあとに置かれることがあります。

### ちょっと文法 「〈se faire + 不定詞〉と受動態」

「財布を盗られました」では〈**se faire + 不定詞**〉が，「空き巣に入られました」では**受動態**が使われています。能動態の文にすると，前者は **« On m'a volé mon portefeuille. »** になりますが，me は間接目的語（意味は「私から」）ですから，「私」を主語にした受動態の文にすることはできません。そのようなとき〈**se faire + 不定詞**〉ならば，「私」を主語にした文が可能になるのです。

一方後者では，能動態の文は **« On m'a cambriolé(e). »** になり，me は直接目的語なので，「私」を主語にした受動態の文にすることが可能です。この場合でも〈**se faire + 不定詞**〉を使うことはできます： **« Je me suis fait cambrioler. »**。過去分詞 fait の一致はありません（→ p. 79）。

- **décéder** は「死去する」で，公式文や改まった表現で用いられる語ですが，ストレートな **mourir**「死ぬ」を避けるためにも使われます。どちらの動詞も，助動詞には **être** を使います。
- **pouvoir** は否定文で「…のはずがない」の意味のときがあります。

私たちはちょっとしたレストランで打ち上げをしました。

## Nous avons fêté l'aboutissement de notre travail dans un petit restaurant.

&#9633; fêter　祝う　　&#9633; aboutissement　成果・完了

---

ミナのためにバースデーパーティーを企画しました。

## J'ai organisé une fête d'anniversaire pour Mina.

---

中学の同窓会に行きました。

## J'ai assisté à la réunion des anciens élèves de mon collège.

&#9906;高校　lycée

---

上司とちょっとした言い争いをしてしまいました。

## J'ai eu un petit différend avec mon supérieur.

&#9906; 激しい　violent
&#9633; différend　意見の対立・（意見の対立による）言い争い

---

ケイコとささいなことで仲たがいしてしまいました。

## Je me suis brouillée* avec Keiko pour des broutilles. (*brouillé)

---

彼に夕食に誘われました。

## Il m'a invitée* à dîner. (*invité)

---

同僚に告白されました。

## Un collègue m'a fait une déclaration d'amour.

&#9633; déclaration d'amour　愛の告白

---

彼に一目惚れしました。

## J'ai eu le coup de foudre pour lui.

&#9633; coup de foudre (pour 〜)　（〜に対する）一目惚れ

> ## 人とのつきあい　Les fréquentations

- フランスの会社では，仕事がらみの食事会，カクテルパーティーはありますが，同僚たちと一緒に楽しむための会合（忘年会や新年会など）は一般に行いません。楽しむためのパーティーはプライベートなことに属すと考えているからです。「打ち上げ」のようなものもないので，「仕事の成果を祝った」と説明的に訳してみました。打ち上げの内容によっては，ほかの訳のほうがよいこともあるでしょう。

### ちょっと文法　「他動詞の過去分詞の一致」

**Il m'a invitée** の **invitée** に **e** がついているのは，直接目的語の **me** が女性であるため，それと一致させているからです。直接目的語が動詞よりも前にくるとき，過去分詞は，その直接目的語と性・数を一致させます。

- 直接目的語が代名詞の場合

  **Tu as lu ces lettres ?**

  **-Oui, je les ai lues. (les = ces lettres)**

  「これらの手紙を読んだ？」

  「ええ，読んだわ」

- 関係代名詞 que のあとで（先行詞が直接目的語）

  **La solution qu'il a trouvée est ingénieuse.**

  彼が見つけた解決策は巧妙です。

- 疑問詞が直接目的語になっている場合

  **Quels livres a-t-il écrits ?**

  彼はどんな本を書きましたか？

ついでに

　　「彼と私はお互いに一目惚れでした」

## Ça a été le coup de foudre entre lui et moi.

彼にドキドキしながら電話しました。

# Je lui ai téléphoné le cœur battant.

□ le cœur battant　心臓をドキドキさせて

---

運命の人に出会ったと思います。

# Je crois que j'ai rencontré l'homme de ma vie.

□ homme de ma vie　（私の）運命の男性

---

彼（恋人）とけんかをしました。私たちはもう終わりだわ！

# Je me suis disputée* avec mon petit ami.
# Tout est fini entre nous ! (*disputé)

---

私たちは仲直りしました。単なる誤解だったのでした。

# Nous nous sommes réconciliés. Ce n'était qu'un malentendu.

□ ne... que 〜　〜に過ぎない

---

電車で老婦人に席を譲りました。遠くに住んでいる祖母のことを思い出しました。

# J'ai cédé ma place à une vieille dame dans le train. Elle m'a fait penser à ma grand-mère qui habite loin.

□ faire penser à 〜　を思い出させる・連想させる

---

福岡に転勤した女友だちが福岡の町を案内してくれました。

# Une amie qui a été mutée à Fukuoka m'a fait visiter sa ville.

---

ケベックから来た観光客にフランス語で道を教えました。

# J'ai indiqué le chemin en français à un(e) touriste venu(e) du Québec.

## ちょっと文法 「le cœur battant 式の様態表現」

**le cœur battant** は，直訳は「ドキドキする心臓」ですが，「心臓をド
キドキさせて」という様態を表す言い方になっています。前置詞や動
詞などがなくても，体の部分を表す名詞との組み合わせで，様態を表
現することができます。

**Elle est assise les jambes croisées.**

彼女は脚を組んで座っています。

**Il écoute de la musique les yeux fermés.**

彼は目を閉じて音楽を聴いています。

**Je marchais les mains dans les poches.**

私は両手をポケットに入れて歩いていました。

**Elle le regardait un sourire sur les lèvres.**

彼女は口元に微笑みを浮かべて彼を見ていました。

## ちょっと文法 「『だと思う』の使い分け」

**Je crois que 〜**：断定を避けて「〜だと思う」というときに使います。

**Je pense que 〜**：何らかの材料から推測・推定してそう考える，とい
うときに使います。

**Je trouve que 〜**：実際に見聞き・体験・経験したことについて自分
の意見を述べるときに使います。

• 女性の「運命の人」は，**la femme de ma vie** です。

# Colonne 3

**カードの例**

Coucou Adeline,
J'espère que tu passes de très joyeuses fêtes auprès des tiens.
Je te souhaite une très heureuse année 2019,
pleine de bonheur et de bonnes surprises.
Bises et à bientôt !

            Misako

---

アドリーヌ，
ご家族のもとで，楽しい年末年始のお休みをお過ごしのことでしょう。
あなたにとって，幸せと嬉しい出来事でいっぱいの
幸せな 2019 年でありますように。
またね！

            みさこ

第**4**章

自分の気持ちを
書いてみよう

## ♪「嬉しい」「落ち込んだ」という気持ちを書いてみましょう。

**感情  Les sentiments**

新しい髪型をほめてもらいました。嬉しかったです。

**On m'a fait des compliments sur ma nouvelle coiffure. Ça m'a fait plaisir.**

   □ faire des compliments à ～ sur...  …について～をほめる
   □ faire plaisir à ～  ～を喜ばせる

-----

夕食が上手にできて，満足でした。

**J'ai réussi le dîner. J'ai été très contente\*.** (\*content)

-----

今話題のミュージカルを見に行きました。心から感動しました。

**Je suis allée\* voir une comédie musicale dont on parle beaucoup en ce moment. J'ai été profondément émue\*.** (\*allé / \*ému)

-----

ミナから3年ぶりに電話がありました。驚きました。

**Mina m'a téléphoné après trois ans de silence. J'ai été surprise\*.** (\*surpris)

   □ silence  音沙汰のないこと・音信不通

-----

仕事でミスをしました。落ち込みました。

**J'ai fait une erreur dans mon travail. Ça m'a déprimée\*.** (\*déprimé)

   □ déprimer ～  ～を落ち込ませる

-----

彼（恋人）とけんかしました。悲しくなりました。

**Je me suis disputée\* avec mon petit ami. Ça m'a rendue\* triste.** (\*disputé / \*rendu)

   □ rendre ～ ...  ～を… にする

- 感情を表現するとき，〈**être + 形容詞**〉のほかに，**ça** を主語にし，「（誰を）〜させる」という意味の動詞を使って，「そのことが私を〜させる」という言い方をすることがあります（**déprimer, réconforter, détendre** を使った文がその例です）。

- **ému(e)** は，喜び，悲しみ，驚き，不安，恐れなどの感情に強く心を動かされて胸が一杯になった状態を表す形容詞なので，必ずしもポジティブな「感動した」だけではなく，「動揺した」「興奮した」「心乱された」「衝撃を受けた」などの意味でも使われます。

- 音信不通だったあとの「〜ぶりに」は，〈**après**（期間）**de silence**〉「（期間）の音信不通のあと」という言い方で表現できます。

## ちょっと文法　「『〜にする』の rendre」

「〜にする」の rendre は，〈**rendre 〜 …**〉「〜を…にする」という構文をとります。…のところには必ず形容詞がきて，直接目的語である 〜 と性・数を一致させます。

**Cette bonne nouvelle a rendu Cécile joyeuse.**

このよい知らせはセシルを上機嫌にしました。

**Ce spectacle m'a rendu malade.**

その光景を見て私は気分が悪くなりました。

（その光景が私を気分悪くさせた）

（「私」は男性。女性なら rendu**e** となる）

渋滞に引っかかりました。いらいらしました。

**J'ai été bloquée\* dans un embouteillage.**
**Je me suis énervée\*.** (\*bloqué / \*énervé)

---

もうそのコンサートの席はありませんでした。がっかりしました。

**Il n'y avait plus de place pour ce concert.**
**J'ai été déçue\*.** (\*déçu)

---

その計画にはあまりに多くの問題がありました。やる気をなくしました。

**Il y a eu trop de problèmes au cours de ce projet.**
**J'ai été découragée\*.** (\*découragé)

---

まったく思いがけないその指摘にすっかり動揺しました。

**Cette remarque tout à fait inattendue m'a**
**complètement bouleversée\*.** (\*bouleversé)

---

あんな行動をしてしまったことを後悔しています。

**J'ai des remords d'avoir agi ainsi.**

> □ avoir des remords de + 不定詞 (複合形)　〜したことを後悔する

---

彼女が私に優しい言葉をかけてくれました。元気づけられました。

**Elle m'a dit des mots gentils. Ça m'a réconfortée\*.**
**(\*réconforté)**

> 🔍 気持ちを落ち着かせる　apaisants
> □ réconforter 〜　〜を元気づける

---

その件がやっと決着しました。ほっとしました。

**L'affaire a été enfin réglée. J'ai été soulagée\*.**
**(\*soulagé)**

---

ゆっくりアロマ風呂に入りました。リラックスしました。

**J'ai pris un bon bain aromatique.**
**Ça m'a détendue\*.** (\*détendu)

> 🔍 泡　moussant

「渋滞」

「その事故が数十キロもの渋滞を引き起こしました」

## L'accident a provoqué un embouteillage de plusieurs dizaines de kilomètres.

- **inattendu**「思いがけない」は，attendu に否定を表す接頭辞 in- がついたものですが，attendu が母音で始まっているため，発音は [ イナタンデュ ] になります。

### ちょっと文法 「不定詞の複合形」

〈**avoir des remords de + 不定詞**〉「〜したことを後悔する」では，不定詞は複合形（完了形）のほうを使います。なぜなら，後悔をしているのは今ですが，後悔のもととなった行為はすでに完了しているからです。このように，時間的なずれがあるときには，複合形を使います。形は，〈**助動詞の不定詞単純形**（つまり **avoir** または **être**）＋ **過去分詞**〉です。

**Je me souviens d'avoir dit cela.**

私はそれを言ったのを覚えています。

**Merci d'être venu(e).**

来てくれて，ありがとう。

（「来た」のが男性なら venu，女性なら venue）

- **détendre** は「リラックスさせる」で，**se détendre** は「リラックスする，くつろぐ」です。名詞形は **détente**（f.）で，たとえば「くつろぎのひととき」は **un moment de détente** と表現できます。

ミナコは私の親友で，私たちはとても仲がよい。

## Minako est ma grande amie et nous nous entendons très bien.

---

昔からの女友達は，ちょっとうっかりしているけれども，とても気さく。それで，彼女とは気が合います。

## Mon amie de longue date est un peu étourdie, mais elle est très ouverte. C'est pourquoi je m'entends très bien avec elle.

    □ c'est pourquoi　それゆえに

---

私たちはすぐに意気投合しました。

## Nous avons tout de suite sympathisé.

    □ sympathiser　気が合って仲よくなる

---

私は**彼女**のことをずっと前から知っていて，**彼女**を全面的に信頼しています。

## Je la connais depuis longtemps et j'ai tout à fait confiance en elle.

    ↻ 彼　le / lui
    □ avoir confiance en 〜　〜を信頼・信用する
    □ tout à fait　すっかり

---

アケミには何か謎めいたところがあります。それが彼女の魅力になっています。

## Akemi a quelque chose de mystérieux. C'est ce qui fait son charme.

- s'entendre はそれだけで「仲がよい，気が合う」という意味ですが，ふつう bien とともに使われます。〈s'entendre bien avec 〜〉なら「〜と仲がよい，気が合う」，主語が複数形で avec 〜 がないなら「お互いに仲がよい，気が合う」となります。

**ついでに**　「うまくいっていない」

「彼らはもう何年も前からうまくいっていません」

## Ils ne s'entendent plus depuis des années.

- 「（人を）知っている」というときの「知っている」には，**connaître** を使います。

**ちょっと文法**　「quelque chose de + 形容詞」

quelque chose「何か」に形容詞をつけるときは，〈**quelque chose de + 形容詞**（男性単数形）〉という形になります。ふつう名詞の前に置かれる **bon** や **grand** などの形容詞でも **quelque chose de bon**, **quelque chose de grand** のように後ろに置かれます。

**quelque chose** だけでなく，**quelqu'un**「誰か」，**rien**「何も（〜でない）」，**personne**「誰も（〜でない）」も同様です。

**Il n'y avait rien d'intéressant.**

何も面白いことはありませんでした。

**J'ai rencontré quelqu'un de très connu.**

とても有名な人に会いました。

第**4**章　自分の気持ちを書いてみよう

やっと彼（女）のよいところがわかるようになってきました。

# Je commence enfin à voir ses bons côtés.

□ commencer à + 不定詞　〜しはじめる
□ côté　（人の）側面

彼のことは好きだけれど，恋してはいません。

# Je l'aime bien, mais je ne suis pas amoureuse* de lui. (*amoureux)

□ amoureux, -se de 〜　〜に恋した

彼のことを心の底から愛しています。

# Je l'aime du plus profond de mon cœur.

彼のことを考えないではいられません。

# Je ne peux pas m'empêcher de penser à lui.

□ ne pas pouvoir s'empêcher de + 不定詞　〜せずにはいられない

彼に私の気持ちを告白しようかどうか迷っています。

# J'hésite à lui avouer mes sentiments.

□ hésiter à + 不定詞　〜しようかどうか迷う

結局，彼と私は別れました。

# Finalement, lui et moi, nous nous sommes séparés.

□ se séparer　別れる（主語は複数）

- 動詞 **aimer** の目的語が「人」の場合は，次の意味の違いに注意が必要です。

    **Je l'aime.**　　　　　彼を愛しています。（恋愛感情）

    **Je l'aime beaucoup.**　彼のことが好きです。（親愛の気持ち）

    **Je l'aime bien.**　　　彼はいい人だと思っています。（好感）

    つまり，ふつうは強めの役割を果たす **beaucoup** や **bien** を **aimer** につけると，「恋愛」の意味はなくなってしまう，というわけです。

- **profond** は「深い」という形容詞ですが，**le plus profond** の形で「奥底」「最深部」という名詞としての用法もあり，**du plus profond** はそれにあたります。**du(de + le)** の **de** は「〜から」の意味です。

第4章
自分の気持ちを書いてみよう

---

### ちょっと文法　「à＋代名詞強勢形」

間接目的語は 〈**à + 人**〉で表しますが，その「人」が代名詞のときはふつう，間接目的語代名詞を使います。

    **Je téléphone à Michel.**　私はミシェルに電話をかけます。

    →× **Je téléphone à lui.**

    →○ **Je lui téléphone.**　私は彼に電話をかけます。

ところが，いくつかの動詞では，間接目的語代名詞を使わず，〈**à + 代名詞強勢形**〉にします。**penser** がその代表例です。

    **Je pense à Michel.**　　私はミシェルのことを考えます。

    →○ **Je pense à lui.**　　私は彼のことを考えます。

    →× **Je lui pense.**

## 私の好きなこと　Ce que j'aime bien

お気に入りの本，この部分が一番好きなところです。

# Dans mon livre préféré, c'est ce passage que j'aime le plus.

□ passage　一節

---

この映画のこの**セリフ**でいつも涙が出てしまいます。

# Cette réplique dans ce film me fait toujours pleurer.

**Q,** シーン　scène　　**Q,** 音楽　musique

---

悲しいときは，いつもこの歌を聞きます。

# J'écoute toujours cette chanson quand je suis triste.

**Q,** 落ち込んでいる　j'ai le cafard

---

ときどき衝動買いをします。これが私のストレス解消法です。

# Je fais de temps en temps des achats impulsifs. C'est ma façon d'évacuer le stress.

□ achat impulsif　衝動買い　　□ de temps en temps　ときどき
□ façon de + 不定詞　〜する仕方

---

カフェのテラスに座って，人々が道行くのを眺めるのが好きです。

# J'aime m'installer à la terrasse d'un café et regarder les gens passer.

**Q,** コーヒーを飲みながら雑誌を読む　lire un magazine en buvant du café
**Q,** 友人たちとおしゃべりをする　bavarder avec des amis

## ちょっと文法　「強調構文」

**C'est ce passage que j'aime le plus.** は強調構文と呼ばれる文です。
文の一要素を際立たせたいときに使う構文で，主語の部分を強調した
いときは **c'est... qui**, それ以外の要素を強調したいときは **c'est... que**
を使います。

<u>Paul</u> a téléphoné <u>à Nicole</u> <u>hier</u>.

ポールは昨日ニコルに電話しました。

→　**C'est <u>Paul</u> qui a téléphoné à Nicole hier.**

昨日ニコルに電話したのはポールです。

→　**C'est <u>à Nicole</u> que Paul a téléphoné hier.**

ポールが昨日電話したのはニコルにです。

→　**C'est <u>hier</u> que Paul a téléphoné à Nicole.**

ポールがニコルに電話したのは昨日です。

主語が代名詞のときは，**c'est** のあとでは強勢形に変わるので注意し
ましょう。

**J'ai téléphoné à Nicole hier.**

→　**C'est <u>moi</u> qui ai téléphoné à Nicole hier.**

- 〈**faire + 不定詞**〉は，「～させる」という使役を表しますが，日本語
  なら「私はこのセリフで泣いてしまう」となるところを，フランス語
  では「このセリフが私を泣かせる」のように，使役で表現することが
  よくあります。

  **Son histoire m'a fait rire.**

  「彼の話を聞いて私は笑いました」（「彼の話が私を笑わせました」）

映画にはいつも1人で行きます。隣に友人が座っていると気が散るので。

**Je vais toujours au cinéma seule. Avoir des amis
assis à côté de moi me déconcentre.**

　　□ déconcentrer 〜　〜の集中力を失わせる

---

ワインが, 特に赤ワインが大好きです。

**J'adore le vin, surtout le vin rouge.**

---

チョコレートだけはやめられないです。

**Le chocolat est mon péché mignon.**

　　□ péché mignon　どうしても好きでやめられない, ちょっとした欠点

---

アクセサリーには目がないです。

**J'ai un faible pour les bijoux.**

　　□ avoir un faible pour 〜　〜が好きでたまらない

---

居心地のよいカフェを見つけました。家の近くにこんなところがあった
らいいなあ。

**J'ai trouvé un café convivial. J'aimerais bien en
avoir un pareil près de chez moi.**

---

アマチュアの合唱団で歌っています。

**Je chante dans une chorale d'amateurs.**

---

地元のフットサルチームに所属しています。

**Je fais partie de l'équipe locale de futsal.**

　　□ faire partie de 〜　〜に属する

---

月に一度, 高齢者へのボランティア活動をしています。

**Je fais du bénévolat auprès des personnes
âgées une fois par mois.**

　　Q 恵まれない子どもたち　enfants défavorisés
　　□ auprès de 〜　〜に対して・〜のところで

- **Avoir des amis assis à côté de moi** は動詞 **déconcentre** の主語になっ
ています。動詞の不定詞はこのように主語としても使われます。

ついでに 「お酒をめぐって」

「お酒を飲むと陽気になります」

# J'ai le vin gai.

「お酒はまったく飲めません」

# Je ne supporte pas du tout l'alcool.

「お酒を飲むと具合が悪くなります」

# L'alcool me rend malade.

- **les bijoux** は, 高価な宝石を使った装身具にも, 安価な（でもきれいな）
アクセサリーにも使える語です。後者の気軽なタイプを, **les bijoux fantaisie** といって区別することがあります。

## ちょっと文法 「『不定冠詞 + 名詞 + 形容詞』の名詞に代わる en」

J'aimerais bien **en** avoir **un pareil** の en を名詞に戻すと, J'aimerais bien avoir **un café pareil** となります。「不定冠詞 + 名詞 + 形容詞 ( 形容詞 + 名詞)」の名詞に代わる en の例をあげてみましょう。

Tu achètes ce sac ? Mais tu **en** as **un semblable** !（=un sac semblable）

このバッグを買うの？ でも似たようなの持っているじゃない！

Cette assiette est ébréchée. Je vous **en** apporte **une autre**.（=une autre assiette）

このお皿は縁が欠けています。別のを持ってきます。

Parmi ces souvenirs, il y **en** a **de bons**.（=de bons souvenirs。de は des が変化したもの→ p.69）

それらの思い出の中には, よい思い出もあります。

第**4**章

自分の気持ちを書いてみよう

119

ダイエットをすることにしました。

## J'ai décidé de faire un régime.

Q 一人暮らしをする　vivre seule* (*seul)
Q 貯金をする　faire des économies
Q 彼（恋人）と結婚する　me marier avec mon petit ami
□ décider de + 不定詞　〜することに決める

----

ついにブログを開設する決心をしました。

## Je me suis enfin décidée* à créer mon blog. (*décidé)

Q 手術を受ける　me faire opérer
□ se décider à + 不定詞　（迷った末に）〜しようと決心をする

----

転職することを考えています。

## J'envisage de changer de travail.

Q 仕事をやめる　quitter mon travail
□ envisager de + 不定詞　〜しようと考える

----

私の目標は，より上のポストを得ることです。

## Mon objectif est d'obtenir un poste plus élevé.

Q パリマラソンに参加する　de participer au Marathon de Paris

----

私の夢は，作家になることです。

## Mon rêve est de devenir écrivain.

Q 留学する　d'aller étudier à l'étranger
Q イルカと泳ぐ　de nager avec les dauphins

120

- 〈**changer de ＋ 無冠詞名詞**〉は，「同種の別のものに変える」という
ときに使います。**changer de travail** は「仕事を変える」で，つまり「転職する」という意味になります。そのほかの例をあげておきましょう：

    **changer de train**　列車を乗り換える

    **changer de coiffure**　髪型を変える

    **changer d'avis**　意見を変える

    **changer d'attitude**　態度を変える

- 動詞 **être** のあとに不定詞がくるときは，ふつう前置詞の **de** が必要です。

### ちょっと文法 「男性名詞と女性名詞で意味の異なる語」

名詞の中には，男性名詞と女性名詞で意味の異なる語があります。

| | | | |
|---|---|---|---|
| **un livre** | 本 | **une livre** | 500g |
| **un manche** | （道具の）柄 | **une manche** | 袖 |
| **un mode** | 様式・方法 | **une mode** | 流行 |
| **un moule** | （ケーキなどの）型 | **une moule** | ムール貝 |
| **un poste** | 地位 | **une poste** | 郵便 |
| **un tour** | 一周 | **une tour** | 塔 |
| **un voile** | ベール | **une voile** | 帆・帆船 |

- 動詞 **devenir**「〜になる」のあとに職業や国籍を表す名詞がくるとき，その名詞には冠詞はつけません。

第4章

自分の気持ちを書いてみよう

フランスに語学研修に行くつもりです。

## Je compte faire un séjour linguistique en France.

      🔍 運命の恋を見つける　trouver l'amour de ma vie
      □ compter + 不定詞　〜するつもりである
      □ séjour linguistique　語学研修

---

ネガティブな考えを持つのをやめなくては。

## Il faut que j'arrête d'avoir des idées négatives.

      🔍 タバコを吸う　de fumer
      🔍 夜更かしする　de veiller tard
      🔍 間食をする　de grignoter entre les repas
      □ arrêter de + 不定詞　〜するのをやめる

---

頭をリフレッシュするために, 温泉に行きたいです。

## J'ai envie d'aller dans une station thermale pour m'aérer la tête.

      □ avoir envie de + 不定詞　〜したい
      □ s'aérer la tête　頭をリフレッシュする

---

パリで 2, 3 ヶ月生活してみたいなあ。

## J'aimerais bien vivre à Paris deux ou trois mois.

---

体重 60 キロを切りたいです。

## Je voudrais passer sous la barre des 60 kilos.

- **il faut que** のあとにくる文の動詞は，接続法にします。

### ちょっと文法　「接続法」

必要・願望・疑い・可能性などの意味を表す動詞や表現のあとでは，
動詞はしばしば接続法になります。
　語幹：直説法現在形の ils の活用形から -ent を取ったもの
　語尾：-e, -es, -e, -ions, -iez, -ent

**parler**

| je | parl**e** | nous | parl**ions** |
| tu | parl**es** | vous | parl**iez** |
| il | parl**e** | ils | parl**ent** |

**finir**

| je | finiss**e** | nous | finiss**ions** |
| tu | finiss**es** | vous | finiss**iez** |
| il | finiss**e** | ils | finiss**ent** |

**avoir** (不規則)

| j' | **aie** | nous | **ayons** |
| tu | **aies** | vous | **ayez** |
| il | **ait** | ils | **aient** |

**être** (不規則)

| je | **sois** | nous | **soyons** |
| tu | **sois** | vous | **soyez** |
| il | **soit** | ils | **soient** |

- 〈**j'aimerais bien + 不定詞**〉は，「（できれば）～したい」という意味
です。**aimerais** は，動詞 **aimer** の条件法現在形ですが，このときは「好
きである」という意味はありません。〈**je voudrais + 不定詞**〉「～し
たいのですが」と似た表現になりますが，〈**j'aimerais bien + 不定詞**〉
のほうは，すぐに実現されることを望むときには，使いません。
（郵便局の窓口で）
「この小包を日本に送りたいのですが」

　○　**Je voudrais envoyer ce paquet au Japon.**
　×　**J'aimerais bien envoyer ce paquet au Japon.**

## ✍ 語彙 Vocabulaire

**性格** caractère
**長所** qualité

| | | |
|---|---|---|
| 愛想のいい | aimable | エマーブル |
| 温かい | chaleureux -se | シャルる(ーズ) |
| 頭がいい | intelligent(e) | アンテリジャン(トゥ) |
| 思いやりがある | attentionné(e) / prévenant(e) | アタンスィオネ / プれヴナン(トゥ) |
| 感じがいい | sympathique | サンパティック |
| 寛大な | généreux -se | ジェネる, ジェネるーズ |
| 寛容な | tolérant(e) | ト레란(トゥ) |
| 気さくな | ouvert(e) | ウヴェーる(トゥ) |
| 勤勉な | travailleur -se | トらヴァイユーる, トらヴァイユーズ |
| 謙虚な | modeste | モデストゥ |
| 親切な | gentil(le) | ジャンティ(ーユ) |
| 柔軟な | souple | スープル |
| 誠実な | honnête | オネットゥ |
| 忍耐強い | patient(e) | パスィアン(トゥ) |
| 控えめな | réservé(e) | れぜるヴェ |
| 率直な | franc(he) | フらン(シュ) |
| まじめな | sérieux -se | セリウ, セリウーズ |
| 物静かな | calme | カルム |
| やさしい | doux -ce | ドゥ(ース) |
| 陽気な | gai(e) | ゲ |
| 礼儀正しい | poli(e) | ポリ |

## 短所　défaut

| 意地悪な | méchant(e) | メシャン(トゥ) |
|---|---|---|
| うっかりした | étourdi(e) | エトゥるディ |
| おしゃべりな | bavard(e) | バヴァーる(ドゥ) |
| 頑固な | têtu(e) | テテュ |
| 感じが悪い | antipathique / désagréable | アンティパティック / デザグれアーブル |
| 気難しい | difficile | ディフィスィル |
| 攻撃的な | agressif -ve | アグれスィフ，アグれスィヴ |
| 自分勝手な | égoïste | エゴイストゥ |
| 神経質な | nerveux -se | ねるヴ，ねるヴーズ |
| 冷たい | froid(e) | フrワ(ドゥ) |
| 怠けものの | paresseux -se | パれス，パれスーズ |
| バカな | bête | ベットゥ |
| 不寛容な | intolérant(e) | アントレらン(トゥ) |
| 不誠実な | malhonnête | マロネットゥ |
| 閉鎖的な | fermé(e) | フェるメ |
| 無情な | dur(e) | デューる |

## 〜な性格　caractère 〜

| 相性のよい性格 | caractères compatibles | カらクテーる コンパティーブル |
|---|---|---|
| 相性の悪い性格 | caractères incompatibles | カらクテーる アンコンパティーブル |
| 生まれつきの性格 | caractère inné | カらクテーる イネ |
| 頑なな性格 | caractère entier | カらクテーる アンティエ |
| 気さくな性格 | caractère facile | カらクテーる ファスィル |
| はっきりとした性格 | caractère affirmé | カらクテーる アフィるメ |
| ひどい性格 | caractère de chien | カらクテーる ドゥ シアン |

# Colonne 4

## 日記の例

今までに出てきた表現を使って，今日の一日を書いてみましょう。

Ce matin, je me suis réveillée plus tard que d'habitude, parce que je n'ai pas entendu le réveil. Je n'ai donc pas eu le temps de prendre le petit déjeuner.

Au bureau, j'ai été très occupée toute la journée. Mes collègues aussi. Tout le monde était un peu énervé. J'ai fait des heures supplémentaires en grignotant du chocolat.

Je suis rentrée à la maison vers huit heures. Comme je n'avais pas le courage de faire la cuisine, j'ai mangé les restes du pot-au-feu d'hier.

Quand j'ai fini de manger, il était déjà neuf heures. Peu après, j'ai eu un appel de Kumiko. Nous avons bavardé pendant une demi-heure environ.

Ensuite, j'ai regardé la télé et lu mes mails. Puis, j'ai pris un bon bain. Et pour finir, je vais encore faire des abdos avant d'aller me coucher.

---

今朝，いつもより遅く目覚めました。**なぜなら**目覚ましが聞こえなかったからです。**それで**，朝食をとる時間がありませんでした。

オフィスでは一日中とても忙しかったです。同僚たちも同じでした。みんな少しイライラしていました。チョコレートをかじりながら残業をしました。

8時頃に家に帰りました。料理をする元気がなかった**ので**，昨日のポトフの残りを食べました。

食べ終えた**とき**，もう9時になっていました。**少しして**，クミコから電話がありました。30分ほどおしゃべりをしました。

**それから**，テレビを見て，メールを読みました。**そして**，ゆっくりお風呂に入りました。**最後に**，寝る前にまだこれから腹筋をします。

# 第 5 章

# 書きとめておきたい
# 美しいフランス語

## 🎵 季節と人生に関わる一節をご紹介します。
## お気に入りを書きとめておきましょう。

**季節の一節** Passages littéraires sur les saisons

春 Printemps

### Un seul printemps dans l'année… et dans la vie une seule jeunesse.

Simone de Beauvoir, *Mémoires d'une jeune fille rangée*

一年にただ一回の春…そして，人生にただ一回の青春。

シモーヌ・ド・ボーヴォワール『娘時代』

シモーヌ・ド・ボーヴォワール（1908-1986）は，20 世紀実存主義の女性作家，哲学者。同じく作家，哲学者のジャン＝ポール・サルトルの伴侶としても有名。「人は女に生まれるのではない，女になるのだ」« On ne naît pas femme, on le devient. » の一節で有名な『第二の性』*Le Deuxième Sexe* は 20 世紀フェミニズムの先駆的著作である。『娘時代』（1958）は自伝的作品。

### Cueillez dès aujourd'hui les roses de la vie.

Pierre de Ronsard, *Sonnets pour Hélène*

きょうからでも，人生のバラを摘みなさい。

ピエール・ド・ロンサール『エレーヌへのソネ』

ピエール・ド・ロンサール（1524-1585）はルネサンス期のプレイヤッド派の詩人。さまざまなジャンルの詩を残したが，カッサンドル，マリー，エレーヌといった女性への賛歌で有名な恋愛詩は，今でも愛誦される。この一節は，『エレーヌへのソネ』（1578）の中の一篇にあり，「人生を，この日を楽しみなさい」という意味でよく引用される。

**Il y a des pluies de printemps délicieuses
où le ciel a l'air de pleurer de joie.**

Paul-Jean Toulet, Les trois Impostures

空が嬉し泣きしているように見える，
とても心地のよい春の雨がある。

ポール＝ジャン・トゥレ『三つの欺瞞』

ポール＝ジャン・トゥレ（1867-1920）は詩人，作家。あちこちに発表
された詩をまとめた詩集『コントルリーム』*Contrerimes*（1921）は，
機知と空想の入り混じる作風と独自の詩型によって高く評価された。死
後刊行の『三つの欺瞞』（1922）は警句集。

**Tandis qu'à leurs œuvres perverses,
Les hommes courent haletants,
Mars qui rit, malgré les averses,
Prépare en secret le printemps.**

Théophile Gautier, Émaux et camées

人間が，よこしまな行いへと
息を切らして走っている間，
うららかな３月は，にわか雨にもかかわらず
ひそかに春を準備している。

テオフィル・ゴーティエ『七宝と螺鈿』

テオフィル・ゴーティエ（1811-1872）は詩人，小説家，批評家。小説『モー
パン嬢』*Mademoiselle de Maupin* の序文で「ほんとうに美しいものは役
に立たないものだ。有用なものはすべて醜い」と言明し，「芸術のため
の芸術」を追究した。『七宝と螺鈿』（1852）は彼の代表的詩集で，金銀
細工を刻むように造形的な美を表現したものである。

**Par les soirs bleus d'été, j'irai dans les sentiers,**
**Picoté par les blés, fouler l'herbe menue :**

Arthur Rimbaud, *Sensation*

夏の青い夕べに，僕は小径を行くだろう，
麦穂に刺され，細い草を踏みながら。

アルチュール・ランボー「感覚」

アルチュール・ランボー（1854-1891）は象徴派の詩人。早熟の天才と
言われたが，20代で文筆を絶つ。詩人ヴェルレーヌとの放浪は有名だが，
その後も職業を転々としつつ放浪した。散文詩集『地獄の一季節』*Une
saison en enfer*，『イリュミナシオン』*Illuminations* で知られる。「感覚」
は初期の詩を集めた『詩』*Poésies*（1868-1870）に所収，16歳の時の作品。

**L'été qui s'enfuit est un ami qui part.**

Victor Hugo, *Toute la lyre*

過ぎ去る夏は，立ち去る友である。

ヴィクトル・ユゴー『竪琴の音をつくして』

ヴィクトル・ユゴー（1802-1885）は，ロマン派の作家で，19世紀最
大の詩人と言われるが，小説家，劇作家でもあり，あらゆるジャンル
にわたって創作活動を行った。政治家でもあった。日本では，小説
『ノートルダム・ド・パリ』*Notre-Dame de Paris*，『レ・ミゼラブル』*Les
Misérables* で有名である。『竪琴の音をつくして』（1888）は選詩集。

Les sanglots longs
Des violons
de l'automne
Blessent mon cœur
D'une langueur
Monotone.

Paul Verlaine, *Chanson d'automne*

秋の
バイオリンの
長いすすり泣きが
私の心を傷つける
単調なけだるさで

ポール・ヴェルレーヌ『秋の歌』

ポール・ヴェルレーヌ（1844-1896）は高踏派・象徴派の詩人。何より
も詩の音楽性を重んじた。年下の詩人ランボーとの放浪生活は有名。「秋
の歌」は，処女詩集『サチュルニアン詩集（土星びとの歌）』*Poèmes
saturniens*（1866）に収められている。日本でも上田敏の訳（『海潮音』
所収）で親しまれてきた。そのほか，『言葉なき恋歌』*Romances sans
paroles*，『昔と今』*Jadis et naguère* などの詩集がある。

**Les feuilles mortes se ramassent à la pelle**
**les souvenirs et les regrets aussi**
**et le vent du nord les emporte**
**dans la nuit froide de l'oubli.**

Jacques Prévert, *Les Feuilles mortes*

枯葉はシャベルで集められる
思い出や後悔も
そして北風がそれらを運び去る
忘却の寒い夜へと

ジャック・プレヴェール『枯葉』

ジャック・プレヴェール（1900-1977）は詩人，脚本家。マルセル・カルネ監督の不朽の名作『天井桟敷の人々』の脚本も彼による。シャンソンの名曲であるこの『枯葉』は，ジョゼフ・コスマが作曲し，後にプレヴェールが作詩したものである。俳優であり歌手であるイヴ・モンタンが映画『夜の門』の中で歌ったのが最初であるが，その後，ジュリエット・グレコ，コラ・ヴォケールなど数多くの歌手たちの持ち歌となって親しまれた。

## L'hiver, saison de l'art serein, l'hiver lucide

Stéphane Mallarmé, *Poésie, Renouveau*

冬，穏やかな芸術の季節，明晰な冬

ステファヌ・マラルメ『詩』「復活」

ステファヌ・マラルメ（1842-1898）は象徴派の詩人。詩的言語の可能性を妥協することなく探求した彼の詩は，難解さをもって世に知られる。彼の邸で毎火曜日に行われた「火曜会」には，次代を担う若い詩人や芸術家が数多く集った。詩集『半獣神の午後』*L'Après-midi d'un Faune* に感銘を受けたドビュッシーが『「牧神（＝半獣神）の午後」への前奏曲』を作曲したことは有名。「復活」は，選詩集『詩』*Poésies*（1898）に収められている。

## Mais où sont les neiges d'antan ?

François Villon, *Ballade des dames du temps jadis*

されど去年の雪はどこに？

フランソワ・ヴィヨン『いにしえの美女たちのバラード』

フランソワ・ヴィヨン（1431-1463?）は 15 世紀の詩人。放浪，窃盗，喧嘩など波乱の生涯を送った。自分の人生が詩の題材であったが，伝統的な形式を踏まえながら，独自の語彙や技法を用いて巧みに書かれた彼の詩は，後世の作家たちにも大きな影響を与えた。「いにしえの美女たちのバラード」は，『遺言詩集』*Testament*（1461）所収。この一節は，古きよき時代や，今はもうなくなってしまったことを懐かしむときに，よく引用される。

Un grand obstacle au bonheur, c'est de s'attendre
à un trop grand bonheur. (…) Le plus grand
secret pour le bonheur, c'est d'être bien avec soi.

Bernard Le Bovier de Fontenelle, *Du bonheur*

幸福の大きな妨げになるのは，あまりにも大きな幸福を期
待することである。(…) 幸福のもっとも大きな秘訣は，
自分自身とうまくやっていくことである。

ベルナール・ル・ボヴィエ・ド・フォントネル「幸福論」

ベルナール・ル・ボヴィエ・ド・フォントネル（1657-1757）は文学者，
思想家，科学者。あちこちのサロン（パリの上流婦人の邸宅で開かれ
た貴族や芸術家の集まり）に出入りする社交人だった。「幸福論」は，
1724 年刊行の『著作集』Œuvres に収められている。

## Le courage est la lumière de l'adversité.

Luc de Clapiers, marquis de Vauvenargues, *Réflexions et Maximes*

勇気は逆境の光である。

ヴォーヴナルグ『考察と箴言』

ヴォーヴナルグ（リュック・ド・クラピエ，ヴォーヴナルグ侯爵）
（1715-1747）はモラリスト（人間行動を観察し，その分析等を通じて
人間精神のあり方を探求する作家のこと）。『人間精神認識への序説』
*Introduction à la connaissance de l'esprit humain* とそれに付したこの『考
察と箴言』（1746）が彼の主な作品である。

## La plus perdue de toutes les journées est celle où l'on n'a pas ri.

Chamfort, Maximes et pensées

日々のうちで最も無駄に過ごした日は，笑わなかった日である。

シャンフォール『箴言と考え』

シャンフォール（社交界に入る前の名はセバスティアン＝ロシュ・ニコラ Sébastien-Roch Nicolas）（1741-1794）は詩人，劇作家，モラリスト。フランス大革命以前は，パリのサロンで最も高く評価されている作家の一人だった。現在でもよく読まれている唯一の作品が『箴言と考え』（1795）である。のちに作家スタンダールが愛読したことでも知られる。

## La pureté de l'âme, l'absence de toute émotion haineuse prolongent sans doute la durée de la jeunesse.

Stendhal, Le Rouge et le Noir

魂の純粋さや，どんな憎悪の感情も持たないことがおそらく，若さの期間を延長する。

スタンダール『赤と黒』

スタンダール（1783-1842）は小説家，批評家。本名アンリ・ベール Henri Beyle。17 歳のときナポレオン軍に加わってミラノに行き，イタリアに対する終生変わらぬ愛に目覚めた。『赤と黒』（1830）は，野心に燃える青年の成功と挫折を描いた代表作。『パルムの僧院』 *La Chartreuse de Parme* も代表作の一つ。情熱恋愛とその「結晶作用」 *cristallisation* を論じた『恋愛論』*De l'amour* も有名。

## Oublier est le grand secret des existences fortes et créatrices.

Honoré de Balzac, *César Birotteau*

忘れることは，強く創造的な生活の最大の秘訣である。

オノレ・ド・バルザック『セザール・ビロト』

オノレ・ド・バルザック（1799-1850）は小説家。コーヒーを多量に飲み，一日十数時間も超人的なスピードで執筆する生活は，文学史上の伝説になっている。同一人物を多くの作品に登場させる手法を思いつき（『ゴリオ爺さん』*Le Père Goriot* がその最初），のちに今までに書いた小説を含め，全作品を『人間喜劇』*La Comédie humaine* としてまとめる構想を打ち出した。『セザール・ビロト』もその中の一作（題名は香水商である主人公の名）。


## Une suite de petites volontés fait un gros résultat.

Charles Baudelaire, *Journaux intimes*

一連の小さな意欲が大きな成果を生む。

シャルル・ボードレール『内面の日記』

シャルル・ボードレール（1821-1867）は詩人，批評家。「近代詩の父」と称される。代表的詩集『悪の華』*Les Fleurs du Mal* は当時，反良俗の理由で起訴され，一部削除と罰金を命じられた。そのほか，散文詩集『パリの憂鬱』*Le Spleen de Paris* も有名。美術・文芸批評にもすぐれ，またエドガー・アラン・ポーの翻訳・紹介でも知られる。『内面の日記』は死後の 1887 年に出版された。

### L'argent n'est que la fausse monnaie du bonheur.

les Goncourt, *Idées et Sensations*

お金は幸せの贋金でしかない。

ゴンクール兄弟『考えと感覚』

エドモン Edmond（1822-1896）とジュール Jules（1830-1870）のゴンクール兄弟は小説家で，合作で小説を書いた。ジュールの死後エドモンは美術研究に没頭，『歌麿』*Outamaro* や『北斎』*Hokusai* を書いて日本の浮世絵を紹介した。フランスで最も権威ある文学賞の一つ，ゴンクール賞は，彼らの遺産を基金に創設されたものである。『考えと感覚』（1866）は日記の抜粋（彼らの膨大な日記は，死後『日記』として出版される）。

### Ne réveillez pas le chagrin qui dort.

Jules Renard, *Journal*, 1901

眠っている悲しみを目覚めさせてはいけない。

ジュール・ルナール『日記，1901 年』

ジュール・ルナール（1864-1910）は小説家，詩人，劇作家。赤毛ゆえに母から「にんじん」とあだ名された少年の物語『にんじん』*Poil de Carotte* や，動植物の姿を簡潔でユーモラスに表現した作品（たとえば「ろば，おとなになったうさぎ」）『博物誌』*Histoires naturelles* が有名である。膨大な日記は『日記』*Journal* として死後に出版され，ゴンクール兄弟の『日記』と同様，文学的にも資料的にも貴重な文献となっている。

# Se réveiller, c'est se mettre à la recherche du monde.

Alain, *Vigiles de l'esprit*

目覚めること，それは世界を探しはじめることである。

アラン『精神の見張り番』

アラン，本名エミール＝オーギュスト・シャルティエ Émile-Auguste Chartier（1868-1951）は哲学者。リセの教師をしながら執筆活動を行った。日常の出来事や時事から着想を得て，簡潔な文体と魅力ある表現で，随想（プロポ propos と呼ばれる）を書き続けた。幸福についてのプロポをまとめた『幸福論』*Propos sur le bonheur* は日本でも有名である。『精神の見張り番』（1942）も同様の随想集。

# Les bons souvenirs sont des bijoux perdus.

Paul Valéry, *Mauvaises Pensées et Autres*

よい思い出は失くした宝石である。

ポール・ヴァレリー『悪い考えとそのほか』

ポール・ヴァレリー（1871-1945）は詩人，小説家，評論家。20 世紀最大の「知性の詩人」と言われる。堀辰雄が『風立ちぬ』の冒頭に引用して有名になった「風立ちぬ，いざ生きめやも」« Le vent se lève, il faut tenter de vivre »（「風が起こる, 生きようと努めなければならない」）は，詩集『魅惑』*Charmes* 所収の「海辺の墓地」*Le Cimetière marin* の一節である。『悪い考えとそのほか』（1942）はドイツ占領下のパリで書き綴った評論。

## L'enfance est un voyage oublié.

Jean de la Varende, *Le Centaure de Dieu*

子供時代は，忘れ去られた旅である。

ジャン・ド・ラ・ヴァランド『神のケンタウロス』

ジャン・ド・ラ・ヴァランド（1887-1959）は小説家，伝記作家。ノルマンディーの貴族に生まれた彼は，生まれ故郷の土地や人々に愛着を持ち，それに関連にした小説を多く書いた。海を大変愛したが，心臓が弱く航海することができなかった彼は，膨大な数の船の模型をコレクションした（現在彼の城に一部展示）。『神のケンタウロス』（1938）は，19世紀後半，ノルマンディーの古い貴族の家が崩壊・消滅していくさまを描いた作品である。

## Les petites choses n'ont l'air de rien,
## mais elles donnent la paix […].
## Dans chaque petite chose, il y a un Ange.

Georges Bernanos, *Journal d'un curé de campagne*

ささやかなことというのは，何でもなさそうに見える。
しかし安らぎをもたらす。
どのささやかなことの中にも，天使がいる。

ジョルジュ・ベルナノス『田舎司祭の日記』

ジョルジュ・ベルナノス（1888-1948）は小説家，評論家。カトリックの立場から，人間の悪の問題を，鋭い写実描写により追及した。処女作『悪魔の陽の下に』*Sous le Soleil de Satan* をはじめ，聖職者を主人公にした小説が多い。『田舎司祭の日記』（1936）は，青年司祭の日記の形を借りて，病を患い，村人の理解を得られず思い悩みながらも，信仰心と使命感のもとに献身的な努力する姿とその孤独を描いた作品。

## Les rêves sont la littérature du sommeil.

Jean Cocteau, *Le Mystère Laïc*

夢は睡眠の文学である。

ジャン・コクトー『世俗的神秘』

ジャン・コクトー（1889-1963）は，早くから詩才がもてはやされた詩人であるが，小説家，劇作家，画家，評論家，脚本家，映画監督でもあり，多くのジャンルで傑作を残した。有名なカルティエの三連リングも彼のデザイン。小説『恐るべき子どもたち』*Les enfants terribles*（1929）や映画『美女と野獣』*La Belle et la Bête*（1946）は日本でもよく知られている。『世俗的神秘』（1928）は，イタリア人画家ジョルジョ・デ・キリコの絵画についての評論。


## La jeunesse, c'est la passion pour l'inutile.

Jean Giono, *Triomphe de la vie*

青春とは，役に立たないことに対する情熱である。

ジャン・ジオノ『人生の勝利』

ジャン・ジオノ（1895-1970）は作家。その小説の多くは，故郷の南仏を舞台に，自然と格闘しながら大地に生きる人々の生きざまを描いたものである。代表作に，『屋根の上の軽騎兵』*Hussard sur le toit*（1951）など。日本では，アニメーション映画にもなった『木を植えた男』*L'homme qui plantait des arbres*（1953）の作者としてよく知られている。彼は，随想・時評も数多く残し，『人生の勝利』（1941）もその一つである。

## Être malheureux, c'est se croire malheureux.

Henry de Montherlant, *Fils de personne*

不幸であること，それは自分が不幸であると思うことである。

アンリ・ド・モンテルラン『父なし子』

アンリ・ド・モンテルラン（1895-1972）は小説家，劇作家，随筆家。軍隊生活，スポーツ，闘牛，ドンファン主義などを賛美する作品を書いた。小説『闘牛士』*Les bestiaires*，『若き娘たち』4 部作 *Les jeunes filles* などの作品がある。『父なし子』（1943）は，第二次大戦中の冬のカンヌを舞台に，14 歳の男の子と，夫婦ではないその父母との関係を描いた戯曲。

## Un mot et tout est sauvé.
## Un mot et tout est perdu.

André Breton, *Le Revolver à cheveux blancs*

一言ですべてが救われ
一言ですべてが失われる

アンドレ・ブルトン『白髪の拳銃』

アンドレ・ブルトン（1896-1966）は詩人，小説家，評論家。無意識や意識下の世界を文学創造に生かすために，あらかじめ何も予定せず，先入観を捨て去って文章を書きつけるという「自動記述」という詩法を創案，シュールレアリスム運動を起こし，晩年までその理論的指導者であり続けた。小説『ナジャ』*Nadja* はシュールレアリスム最大の傑作と言われる。『白髪の拳銃』（1932）は詩集。

## Tout âge a ses fruits, il faut savoir les cueillir.

Raymond Radiguet, *Le Bal du comte D'Orgel*

どんな年齢にも収穫物があり，それを摘み取るすべを知らなくてはいけない。

レイモン・ラディゲ『ドルジェル伯の舞踏会』

レイモン・ラディゲ（1903-1923）は詩人，小説家。14歳頃から詩作を行う早熟な天才だったが，15歳のときジャン・コクトーと知り合い，彼やその友人たちとの交友を通して，小説を書くようになる。処女小説『肉体の悪魔』*Le Diable au corps* は17歳頃の作品。遺作『ドルジェル伯の舞踏会』（1924）は，その鋭い心理分析と巧みな表現から，伝統的なフランス心理小説の流れに位置する作品とされる。20歳で病により夭折。


## Dans toutes les larmes s'attarde un espoir.

Simone de Beauvoir, *Les Mandarins*

すべての涙の中には，希望が残っている。

シモーヌ・ド・ボーヴォワール『レ・マンダラン』

シモーヌ・ド・ボーヴォワール（1908-1986）については, 128ページ参照。『レ・マンダラン』（1954）は，サルトルほか若い頃からの友人たちをモデルにして戦後の左翼知識人の政治参加を描いた自伝的小説である。

**La vie est comme un miroir. Si tu lui souris,
elle te renvoie ton image.**

Louis Nucera, *Avenue des Diables-Bleus*

人生は鏡のようなものである。あなたが笑いかければ，
あなたにあなたの像を送り返す。

ルイ・ヌセラ『青悪魔大通り』

ルイ・ヌセラ（1928-2000）は，ジャーナリスト，作家。脚本も書き，
マルセル・パニョル Marcel Pagnol 原作の映画『プロヴァンス物語 マ
ルセルの夏』（1990，原題 *La Gloire de mon père*「父の手柄」）の共同脚
本家の一人である。『青悪魔大通り』（1979）は，生まれ故郷南仏ニース
での自分の子ども時代をもとにして書いた小説。ニースには実際にこの
名の通りがある。

# 杉山利恵子

東京大学文学部, トゥール大学大学院,
東京大学大学院, パリ・ディドロ (パリ第7) 大学大学院を経て
現在明治大学文学部教授。
著書:『初めてのフランス旅行会話』NHK 出版
『中級をめざす人のフランス語文法』NHK 出版
『現地収録! フランス語でめぐる PARIS』ジャパンタイムズ
『フランス語がびっくりするほど身につく本』あさ出版
『仏検合格のための傾向と対策1級』駿河台出版社
『レ・ランコントル1，2』第三書房など
1998 年度以降、「NHK ラジオフランス語講座」（入門編・応用編）
「NHK テレビフランス語会話」
の講師を数度にわたって務める。

校閲：Patricia Poirey

# 改訂版　フランス語でつづる私の毎日
2020年 1月10日　第1刷発行

著　者　　杉山利恵子
発行者　　前田俊秀
発行所　　株式会社 三修社
　　　　　〒150-0001 東京都渋谷区神宮前 2-2-22
　　　　　TEL:03-3405-4511
　　　　　FAX:03-3405-4522
　　　　　振替:00190-9-72758
　　　　　http://www.sanshusha.co.jp
　　　　　編集担当　安田美佳子
印刷・製本　日経印刷株式会社

カバー・本文デザイン／株式会社エヌ・オフィス